C1 C2

PERFECTIONNEMENT

Claire Miquel

VOCABULAIRE PROGRESSIF DU FRANÇAIS

CORRIGÉS

Avec 675 exercices

CLE INTERNATIONAL

www.cle-international.com

Édition : Christine Grall
Mise en page : Arts Graphiques Drouais (28100 Dreux)

ISBN : 978-209-038454-3

N° de projet : 10304497 – Dépôt légal : février 2015 – N° d'imp. : I24/75879N
Imprimé en France en septembre 2024 par l'Imprimerie Maury S.A.S. à Millau (12)

SOMMAIRE

1 L'espace 5
2 Les sons – les bruits 6
3 Plaisirs de la table 8
4 La santé 9
5 Gestes – mouvements 11
6 Apparaître – cacher 13
7 Énergie et fatigue 14
8 Efforts et actions 16
9 La personnalité 18
10 Le comportement 19
11 S'exprimer 21
12 Critiquer – complimenter 23
13 Tromper – se tromper 24
14 Les conflits 26
15 Réussites et échecs 28
16 Émotions et sentiments 30
17 Les compétences 33
18 Le psychisme 34
19 Raisonner, nuancer 35
20 Modèles et comparaisons 37
21 Causes et conséquences 38
22 Doutes et certitudes 39
23 Effets de mode 40
24 La recherche 41
25 L'environnement 42
26 Enjeux de société 43
27 L'argent 44

28 **Économie et finance** 46
29 **Le monde du travail** 47
30 **Politique – médias** 48
31 **Ordre et désordre** 49
32 **Droits et devoirs** 50
33 **La justice** 52
34 **Le passé** 53
35 **Le temps qui passe** 54
36 **L'avenir – le destin** 56
37 **La vie et la mort** 57
38 **Les beaux-arts** 59
39 **L'architecture** 60
40 **Cinéma et photo** 61
41 **La littérature** 62
42 **Théâtre et musique** 63

CORRIGÉS ET TRANSCRIPTION DES TEXTES AUDIO

Chapitre 1 L'espace

Exercices p. 9

1 1. point – 2. les recoins – 3. dans les parages, dans le coin – 4. coins – 5. le voisinage, les alentours – 6. fond

2 1. un coin – 2. emplacement – 3. lieu – 4. point – 5. lieu – 6. points

3 1. à tous les coins de rue – 2. dans les parages/dans le coin/dans le voisinage – 3. au fin fond de l'Auvergne – 4. en lieu sûr – 5. Ce projet a été discuté en haut lieu. – 6. dans un coin/un endroit perdu – 7. aux quatre coins du monde

4 1. *Ils ont déménagé au fin fond de la Bourgogne.* – 2. *Une réunion s'est tenue en haut lieu.* – 3. *Dans ce quartier, on trouve des marchands de chaussures à tous les coins de rue.* – 4. *Il n'y a pas grand-chose à voir dans les parages. Par-ci par-là, quelques vieilles maisons, c'est tout.* – 5. *Ils ont trouvé un point de chute dans les environs.* – 6. *Elle a fouillé tous les coins et recoins de la cave.*
1. V – 2. F – 3. F – 4. V – 5. F – 6. V

Exercices p. 11

1 1. dissémine/éparpille – 2. contiguës/attenantes – 3. tenus – 4. renfoncement – 5. fond, comble – 6. spacieuse

2 1. F – 2. V – 3. V – 4. F – 5. F

3 1. attenants/contigus – 2. alignés – 3. dispersés – 4. à l'écart/en retrait – 5. aux antipodes – 6. confiné

4 Il s'agit de trois maisons qui ne sont pas alignées, puisque celle de gauche est en net décrochement par rapport à la maison mitoyenne. Toutes les portes d'entrée forment un renfoncement. Dans le jardin de gauche, on remarque des arbres alignés. Dans le jardin du milieu, des outils de jardin sont éparpillés sur l'herbe.

Exercices p. 13

1 1. limitrophes – 2. le trajet – 3. dépasser – 4. limites – 5. relégué

2 1. un dédale/un labyrinthe – 2. un itinéraire/un parcours/un circuit – 3. le littoral – 4. la ligne d'arrivée – 5. la trajectoire

3 1. littoral/pourtour – **2.** trajet, itinéraire – **3.** trajectoire – **4.** traite – **5.** confinés

4 1. dépasse les bornes – **2.** sont limitrophes – **3.** le chemin des écoliers – **4.** dans l'enceinte – **5.** d'une seule traite – **6.** tracer

5 1. a franchi – **2.** s'est limitée/s'est cantonnée – **3.** connaît – **4.** dépasse – **5.** a – **6.** faire

Exercices p. 15

1 1. chemin – **2.** tiendra – **3.** frayé – **4.** a – **5.** lieu

2 1. L'Italie est le berceau de – **2.** Le parcours – **3.** Nous avons tout lieu – **4.** est vertigineux/donne le vertige – **5.** ont vidé* les lieux.

3 1. Il n'a pas le sens de l'orientation. – **2.** Elle se tient à l'écart/elle se met en retrait. – **3.** Elle a eu un parcours de vie qui sort de l'ordinaire. – **4.** Il a été relégué à un poste subalterne. – **5.** Il est claustrophobe/il souffre de claustrophobie.

4 *J'ai un mal fou à me repérer dans l'espace. Le sens de l'orientation a toujours été mon point faible. Comme en plus, dans ce dédale de rues, l'espace est resserré, je me perds dans les coins et recoins de la ville. Cela dit, – c'est un lieu commun – cette ville est un enchantement. Le moindre renfoncement de porte recèle des merveilles ! J'essaye cependant d'éviter les parcours touristiques. Dans certains quartiers, le nombre de touristes donne le vertige !*
1. V – **2.** F – **3.** F – **4.** V – **5.** F

Chapitre 2 Les sons – Les bruits

Exercices p. 17

1 1. tapage – **2.** perçants – **3.** brailler* – **4.** chahuté – **5.** fracas – **6.** résonnent

2 1. crépite, crépitement – **2.** tonitruante – **3.** résonne – **4.** brouhaha – **5.** éclats – **6.** écorche – **7.** détonation – **8.** vacarme/boucan*

3 1. assourdissant – **2.** boucan*/vacarme – **3.** véhément – **4.** remue-ménage – **5.** fracas – **6.** la détonation – **7.** du tapage nocturne.

4 1. le brouhaha/le tohu-bohu – **2.** des éclats de voix/du chahut – **3.** une cacophonie – **4.** le chahut/le boucan* – **5.** le remue-ménage/le vacarme

Exercices p. 19

1 1. grabuge – 2. des racontars*, des ragots*– 3. bourdonner – 4. battage médiatique, tollé – 5. esclandre, scandale – 6. ronron – 7. le clapotis

2 1. bourdonnent – 2. colporte – 3. a attaqué – 4. a fait – 5. grince – 6. gargouille.

3 1. le ronron – 2. des potins*/des cancans* – 3. déclic – 4. Le qu'en-dira-t-on – 5. craque/grince – 6. faire du grabuge.

4 **1.** *On entend les pas sur le gravier.* → **On entend le crissement des pas.** – **2.** *Cette actrice a des caprices, elle proteste violemment quand elle n'obtient pas ce qu'elle veut.* → **Elle fait tout le temps des esclandres.** – **3.** *Roxane raconte que Gaspard est tombé amoureux de Solène, que la femme de Gaspard doit être jalouse...* → **Roxane rapporte des potins*, des cancans*.** – **4.** *Dans le silence, mon estomac fait du bruit, c'est gênant !* → **Il gargouille !** – **5.** *Louise entend le bruit des tutus et des costumes des danseuses.* → **On entend le froufrou des tutus.**

Exercices p. 21

1 1. Patatras ! Badaboum ! – 2. Blablabla... – 3. Miam, miam !

2 1. en fanfare – 2. patati, patata – 3. cacophonie – 4. tumulte – 5. grincer

3 **1.** *On entend des éclats de voix, il s'agit probablement d'une manifestation. Quel vacarme !* – **2.** *C'est un vrai brouhaha qu'on entend ! On distingue des bruits de pas qui résonnent dans un hall.* – **3.** *Le moteur vrombit. Vroum !* – **4.** *De la vaisselle est tombée par terre dans un grand fracas. Patatras ! Badaboum !* – **5.** *On entend le clapotis de l'eau et un objet qui est tombé dans l'eau : plouf !* – **6.** *Les élèves sont en train de chahuter, on distingue des voix perçantes. Quel tohu-bohu ! Quel boucan* !*

4 **1.** *Ce n'est pas la peine de raconter à tout le monde que nous allons divorcer !* → **Il est inutile de le claironner partout !** **2.** *Finalement, cet événement n'était pas aussi important qu'on l'avait imaginé.* → **C'était beaucoup de bruit pour rien.** – **3.** *Enfin ! Après avoir vu ce documentaire sur les meubles anciens, ma fille sait ce qu'elle veut faire dans la vie !* → **Elle a eu un déclic.** – **4.** *Le directeur de l'entreprise a contrarié ses employés en changeant les horaires.* → **Il a fait grincer des dents ses employés.** – **5.** *La presse n'a pas du tout parlé de ce livre !* → **Ce livre n'a eu aucun écho dans la presse.**

Chapitre 3 Plaisirs de la table

Exercices p. 23

1 **1.** préparé – **2.** un morceau, sur le pouce – **3.** repu, rassasié – **4.** au lance-pierre, un morceau, comme quatre – **5.** meurt, crève* – **6.** la dent – **7.** l'estomac

2 **1.** F – **2.** F – **3.** V – **4.** F – **5.** V

3 **1.** s'est gavée* de/s'est empiffrée* de – **2.** crèvent* de faim/ont la dalle* – **3.** à grignoter – **4.** a un appétit d'oiseau – **5.** mitonnent/concoctent – **6.** est repu/rassasié – **7.** un festin

4 **1.** a coupé – **2.** meurt/crève* – **3.** s'empiffre*/se gave* – **4.** perdent – **5.** picore – **6.** a mangé – **7.** croquer

Exercices p. 25

1 **1.** un millésime – **2.** un vin de garde – **3.** le viticulteur/le vigneron/le producteur – **4.** la piquette* – **5.** un plant/un cépage – **6.** un vin pétillant/mousseux

2 **1.** V – **2.** F – **3.** V – **4.** F – **5.** V – **6.** F

3 **1.** millésime – **2.** garde, vieillir – **3.** table/pays – **4.** vendanges – **5.** moelleux – **6.** pichet

4 **1.** vendanger, vigneron – **2.** chambré – **3.** pétillant – **4.** la teneur en – **5.** la lie

Exercices p. 27

1 **1.** F – **2.** F – **3.** F – **4.** V – **5.** F – **6.** V

2 **1.** le sirote – **2.** est bourré*/soûl/rond* comme une barrique – **3.** il est fade/il n'a aucun goût – **4.** une larme/un doigt/une gorgée – **5.** Il picole*/il boit comme un trou* – **6.** a un goût indéfinissable.

3 **1.** relevé/épicé – **2.** fades – **3.** arrosé – **4.** nous nous sommes régalés – **5.** ivrogne – **6.** assoiffées

4 **1.** se désaltérer – **2.** bourrés*/beurrés* – **3.** un arrière-goût – **4.** sifflées* – **5.** est déjà pompette/un peu gaie – **6.** une larme/une gorgée/un doigt.

Exercices p. 29

1 **1.** soif – **2.** grisé – **3.** avaler – **4.** nourrit – **5.** sauce, mangée – **6.** sur la planche – **7.** croquer

2 **1.** dévore – **2.** digéré – **3.** pur régal – **4.** imbuvable – **5.** tes mots – **6.** ce pain-là – **7.** tiré, boire – **8.** mange pas de pain.

3 **1.** *Aurore n'a pas eu la promotion qu'elle méritait. C'est son collègue, beaucoup moins compétent qu'elle, qui a eu le poste. C'est dur !* → **Elle a du mal à avaler la pilule, c'est dur à avaler.** – **2.** *Après le succès de son premier film, Yann se prend pour un acteur de génie. À 18 ans !* → **Il est grisé par le succès.** – **3.** *Avant d'avoir des enfants, Juliette avait de grands principes, mais depuis qu'elle est confrontée à la réalité de l'éducation, elle n'est plus aussi dure.* → **Elle a mis de l'eau dans son vin.** – **4.** *Le professeur a 200 copies à corriger d'ici lundi prochain !* → **Il a du pain sur la planche.** – **5.** *Je ne comprends rien quand elle parle, elle n'articule pas.* → **Elle mange ses mots.** – **6.** *Leur fille est partie au bout du monde et ils sont sans nouvelles d'elle : ils sont très inquiets et n'ont guère d'appétit.* → **Ils en perdent l'appétit, ils en perdent le boire et le manger.** – **7.** *Ce roman, que je pensais remarquable, m'a un peu déçue.* → **Je suis restée sur ma faim.** – **8.** *Je ne sais pas combien de personnes exactement seront présentes à la conférence. À tout hasard, je vais préparer du café et des bouteilles d'eau pour cinquante.* → **Ça ne mange pas de pain.**

Chapitre 4 La santé

Exercices p. 31

1 **1.** le bulletin – **2.** vacciner – **3.** ennuis – **4.** boutons – **5.** état – **6.** recouvrer

2 **1.** F – **2.** V – **3.** F – **4.** F – **5.** V – **6.** V

3 **1.** de fer – **2.** esquinté* – **3.** recouvrer la santé – **4.** précaire – **5.** est stationnaire.

4 **1.** ennuis, fragile/précaire – **2.** campagne de dépistage – **3.** se faire – **4.** l'état – **5.** quintes – **6.** souffrant, raisons de santé

5 **1.** *Elle s'est esquinté* la santé !* – **2.** *Mon fils a eu des quintes de toux toute la nuit.* – **3.** *Elle est dans un état stationnaire.* – **4.** *Je suis un traitement préventif.* – **5.** *Ma mère est de santé précaire.* – **6.** *Le bulletin de santé est plutôt rassurant.* – **7.** *Je vais me refaire une santé !* – **8.** *Mon bébé a la diarrhée.* – **9.** *La vieille dame s'est fait vacciner contre la grippe.* – **10.** *C'est grâce à une radio de contrôle qu'on est parvenu à dépister la maladie.*
1. V – **2.** V – **3.** F – **4.** F – **5.** F – **6.** V – **7.** F – **8.** V – **9.** V – **10.** F

Exercices p. 33

1 **1.** a – **2.** nauséeux, allergique, anémié – **3.** une poussée, un accès – **4.** les pommes* – **5.** d'asthme, d'épilepsie – **6.** dégénérative, incurable, grave

2 **1.** F – **2.** V – **3.** V – **4.** F – **5.** F – **6.** V

3 **1.** une poussée de fièvre – **2.** ses bobos* – **3.** cette maladie est incurable – **4.** donne le tournis – **5.** s'est évanoui/il est tombé dans les pommes* – **6.** barbouillée*

4 **1.** Elle est allergique au poisson/elle a une intolérance au poisson. – **2.** Il s'est ouvert le front, il va falloir lui faire des points de suture. – **3.** Il se sent barbouillé*/nauséeux ! – **4.** Elle a eu un malaise, elle s'est trouvée mal. – **5.** Elle a fait une rechute/elle a rechuté. – **6.** Il a un torticolis.

Exercices p. 35

1 **1.** de désintoxication – **2.** coma – **3.** palliatif – **4.** de routine – **5.** désespéré

2 **1.** F – **2.** F – **3.** F – **4.** V – **5.** F – **6.** F – **7.** V

3 **1.** une crise cardiaque – **2.** ses jours ne sont plus en danger – **3.** soulager – **4.** des séquelles – **5.** fera de la rééducation. – **6.** les toxicomanes.

4 **1.** vital – **2.** antalgique/analgésique – **3.** chirurgicale, opératoires – **4.** tumeur/grosseur, routine, bénigne – **5.** coma, soins

5 **1.** La moitié de son corps est paralysée, il est hémiplégique. – **2.** Il ou elle va avoir une prothèse du genou. – **3.** Elle va faire une cure de désintoxication. – **4.** Il est dépendant au médicament/il a un problème d'addiction au médicament.

Exercices p. 37

1 **1.** F – **2.** V – **3.** V – **4.** V – **5.** V

2 **1.** donne le sein à – **2.** une crise – **3.** a avorté – **4.** lancinante – **5.** endolori – **6.** a subi une IVG.

3 **1.** accoucher – **2.** endolorie/meurtrie – **3.** la sage-femme – **4.** gêne – **5.** viable, subir – **6.** la péridurale – **7.** spasmes

4 **1.** *Apolline ne supporte pas la plus petite douleur, c'est ridicule.* → **Elle est très douillette !** – **2.** *Tout le monde craignait pour la vie du patient, car la blessure était grave, mais finalement,* *il n'y a plus de danger.* → **Ses jours ne sont plus en danger/il est hors de danger.** – **3.** *Malheureusement, Naïma qui avait déjà 43 ans au moment de sa grossesse, n'a pas pu la mener à terme.* → **C'était une grossesse à risques et Naïma a fait une fausse couche.** – **4.** *S'il te plaît, ne me parle plus de cet échec. Ce n'est pas gentil, car je préférerais l'oublier.* → **Tu me retournes/remues le couteau dans la plaie.** – **5.** *Nadine a un cancer qui semblait grave, et puis le traitement a bien marché. Elle n'est pas définitivement guérie, mais elle va beaucoup mieux depuis déjà deux ans.* → **Elle est en rémission.**

Chapitre 5 Gestes – mouvements

Exercices p. 39

1 **1.** chatouilles – **2.** subtilisé – **3.** se cramponne – **4.** manœuvrer – **5.** arrache – **6.** frotte

2 **1.** a dérobé le/s'est emparé du – **2.** a flanqué* – **3.** a frôlé – **4.** se cramponne à/s'agrippe à – **5.** brandissent – **6.** tâte – **7.** exhibent

3 **1.** se frotte – **2.** gratter/racler – **3.** tripotent* – **4.** manipule – **5.** a effleuré/a frôlé – **6.** a arraché

4 **1.** Au marché, une vieille dame s'agrippe à une jeune femme pour ne pas tomber, tandis qu'un pickpocket est en train de dérober son portefeuille. De son côté, la jeune femme qui se trouve devant un étalage de fruits et légumes, tâte un melon pour voir s'il est mûr. – **2.** Une petite fille, visiblement effrayée par un chien, se cramponne à son père.

Exercices p. 41

1 **1.** ont regagné – **2.** presse le pas – **3.** par monts et par vaux, revenus sur ses pas, en vadrouille* – **4.** précède, emboîte le pas – **5.** demi-tour, un périple

2 **1.** a regagné – **2.** me dégourdir les jambes – **3.** ont franchi – **4.** par monts et par vaux/en vadrouille* – **5.** remettra jamais les pieds – **6.** flânent/se baladent*/déambulent

3 **1.** se traîne – **2.** casanière – **3.** avons rebroussé chemin/avons fait demi-tour – **4.** périple – **5.** précédé(e) – **6.** a regagné – **7.** remettrai pas les pieds.

4 🎧 1. *Quand elle a vu la foule dans la rue, Isabelle a rebroussé chemin et Nicole lui a emboîté le pas.* – **2.** *Xavier est un incompétent et pourtant, il a été nommé à la tête de l'entreprise. On marche sur la tête ! Dans la foulée, Max a donné sa démission et Julie l'avait précédé de peu.* – **3.** *Stéphane est parti en Italie, puis en Norvège, et est revenu à Marseille en passant par Bruxelles.*
1. a, c – **2.** b – **3.** a, c

Exercices p. 43

1 **1.** précipité, accoudé, penché – **2.** affalé*, pelotonné – **3.** se précipite, accourt – **4.** tournoyer, tourbillonner – **5.** se jette, bondit

2 **1.** V – **2.** F – **3.** F – **4.** F – **5.** V – **6.** F

3 **1.** *La Ruée* – **2.** tournoient – **3.** se blottit – **4.** se sont précipités dessus/se sont jetés dessus/se sont rués dessus – **5.** incliné/penché – **6.** s'élance – **7.** ont accouru

4 **1.** sont attablés – **2.** il fait volte-face – **3.** dévalent – **4.** bondir – **5.** s'accoudent au – **6.** s'est cassé la figure*/a dégringolé*.

Exercices p. 45

1 **1.** affalé* – **2.** s'est cassé* la figure, a renversé la casserole – **3.** bronché, tressailli – **4.** chancelle – **5.** gigote, ne tient pas en place – **6.** impassible, imperturbable

2 **1.** F – **2.** V – **3.** F – **4.** F – **5.** V

3 **1.** titube/vacille/chancelle – **2.** bancale – **3.** renversé – **4.** imperturbable/impassible, bronché – **5.** immobilisée – **6.** s'est effondré/s'est écroulé

4 **1.** gesticule – **2.** s'incline – **3.** titube – **4.** n'a pas bronché – **5.** est bancale.

5 🎧 1. *Malgré le bruit et le danger, Aline n'a pas bronché.* – **2.** *À force de gesticuler, Patrick a renversé le vase. Je reconnais qu'il était posé sur une table branlante que je n'avais pas eu le temps de caler.* – **3.** *Comme elle est vendeuse dans un grand magasin, Alice piétine toute la journée, ce qui est d'autant plus dur qu'elle boitille encore après l'entorse qu'elle s'est faite il y a quelques semaines.*
1. b – **2.** b – **3.** b

Chapitre 6 Apparaître - cacher

Exercices p. 47

1 **1.** valeur, évidence – **2.** détache, profile, découpe – **3.** aperçoit, distingue – **4.** apparences – **5.** émerge, se dégage – **6.** ressortent

2 **1.** V – **2.** F – **3.** F – **4.** F – **5.** V – **6.** V

3 **1.** détonnait/tranchait – **2.** mine – **3.** les apparences – **4.** tranche/ ressort – **5.** se fier – **6.** se fond

4 **1.** discerner – **2.** rien n'a transpiré/filtré de – **3.** du coin de l'œil – **4.** détonne – **5.** ressortent – **6.** mis en évidence

Exercices p. 49

1 **1.** contient – **2.** épient, guettent – **3.** réunit, comprend – **4.** au premier coup d'œil – **5.** inspectent, surveillent – **6.** jaugé, toisé

2 **1.** F – **2.** F – **3.** V – **4.** V – **5.** V – **6.** F

3 **1.** comporte – **2.** guettons – **3.** renferme – **4.** a relevé/a remarqué – **5.** nous avons compris au premier coup d'œil – **6.** contempler – **7.** a intégré/a inséré

4 **1.** renferme/contient – **2.** inspecter – **3.** est composé/est constitué de – **4.** saute – **5.** compte/comprend/comporte – **6.** consiste – **7.** constitue/forme

Exercices p. 51

1 **1.** ne divulguera – **2.** au – **3.** démasqué – **4.** fourre* – **5.** cacherai – **6.** percés – **7.** vendu

2 **1.** V – **2.** F – **3.** V – **4.** F – **5.** F – **6.** F

3 **1.** détecté/décelé – **2.** Il est de notoriété publique – **3.** lèveront le voile sur – **4.** a déniché* – **5.** mettre ces images sous les yeux des enfants – **6.** fait montre de

4 **1.** souligné, mettent – **2.** révélateur – **3.** trahit – **4.** s'en cache – **5.** a levé – **6.** cache – **7.** dégote*/déniche* – **8.** divulguera/révélera

Exercices p. 53

1 **1.** il l'a reconnue à demi-mot/implicitement/à mots couverts – **2.** il l'a dissimulée au fisc – **3.** il s'agit d'un secret de Polichinelle – **4.** il est venu incognito – **5.** il l'a regardée à la dérobée/furtivement – **6.** il a été étouffé.

2 1. écran – 2. l'éminence grise – 3. masque – 4. cachottière – 5. sibyllin – 6. clandestinement

3 1. en catimini* – 2. chuchotent – 3. conciliabules – 4. éclipser les autres – 5. pallier – 6. dérobé la princesse à la vue des passants.

4 1. *Denise est d'une indiscrétion ! Figure-toi qu'hier, je l'ai surprise en train de fouiller dans mes tiroirs !* → **Elle fourre* son nez partout.** – 2. *Tout le monde sait que ces deux acteurs vivent ensemble, même s'ils font semblant de ne pas se connaître !* → **C'est un secret de Polichinelle !** – 3. *Nous cherchions à faire une surprise à Christine pour son anniversaire, mais malheureusement, sa petite fille a tout raconté à sa mère !* → **La petite fille a vendu la mèche.** – 4. *Sylvain a l'air d'un rustre, mais j'ai découvert qu'il était poète ! Ça, je ne l'aurais jamais imaginé !* → **Il ne payait pas de mine, mais il ne faut pas se fier aux apparences.** – 5. *Je sais que résoudre ces problèmes sociaux ne sera pas facile, il faut être lucide.* → **Il ne faut pas se voiler la face.** – 6. *Personne ne connaît vraiment Jean-Jacques, car il reste dans l'ombre, mais c'est lui qui conseille le maire. À vrai dire, on ne sait pas vraiment quel est son rôle, tout cela est bien mystérieux.* → **C'est l'éminence grise du maire, c'est un homme de l'ombre qui joue un rôle occulte.**

Chapitre 7 Énergie et fatigue

Exercices p. 55

1 1. coup – 2. du ressort – 3. retrouvé, déployé – 4. l'énergie – 5. économiser, ménager – 6. de l'endurance, une énergie indomptable

2 1. V – 2. F – 3. V – 4. F – 5. V – 6. F

3 1. s'investit – 2. de la combativité – 3. du poil de la bête – 4. la fougue – 5. tonus/ressort – 6. tête baissée

4 1. *Notre nouveau directeur travaille énormément pour notre projet ! Il ne compte pas ses heures de travail !* → **Il travaille d'arrache-pied, il ne ménage pas ses efforts.** – 2. *Cette très vieille dame, malgré ses 100 ans, est increvable* ! Elle a conservé son goût pour la lutte politique.* → **Elle est restée combative, elle est encore pleine d'allant, elle a du ressort.** – 3. *Arthur a eu la grippe, il a été très fatigué. Maintenant, ça va beaucoup mieux, il est* *retourné au bureau. Il travaille à nouveau avec son entrain habituel.* → **Il a repris du poil de la bête, il a récupéré, il a retrouvé son énergie.** – **4.** *La ministre sort en pleine forme d'une réunion épuisante, comme si de rien n'était !* → **Elle sort fraîche et dispose de la réunion. Quelle vitalité ! Quelle endurance !** – **5.** *Cet historien est très âgé, mais il a conservé intacte toute sa passion pour son domaine, et il en parle avec ferveur.* → **Il a encore/il a conservé la flamme/l'ardeur/la fougue de la jeunesse.**

Exercices p. 57

1 **1.** vautrés – **2.** désœuvrée – **3.** flemmard*, feignant* – **4.** le désœuvrement – **5.** l'atonie, la stagnation

2 **1.** Il se la coule douce* – **2.** est une chiffe* molle – **3.** ne se sont pas foulés* – **4.** vautré/affalé*/avachi* – **5.** l'atonie/la stagnation – **6.** est oisive/flemmarde*/feignante* – **7.** a un poil* dans la main

3 **1.** au point mort – **2.** l'apathie/la léthargie – **3.** un poil* – **4.** se prélasser – **5.** sur-place – **6.** la flemme*

4 **1.** *Il se la coule douce !* – **2.** *Ces jeunes filles sont désœuvrées.* – **3.** *Ça, c'est ton travail ? Eh bien, tu ne t'es pas foulé* !* – **4.** *Le projet de loi est au point mort.* – **5.** *Matthieu, sors un peu au lieu de rester affalé* devant la télé !* – **6.** *Tu verrais Félix, il ne fait absolument rien de la journée. Je n'ai jamais vu quelqu'un d'aussi paresseux !*
1. V – **2.** F – **3.** V – **4.** V – **5.** F – **6.** V

Exercices p. 59

1 **1.** bottes – **2.** surmenage – **3.** tirés – **4.** usée – **5.** crève* – **6.** pompe* – **7.** vanné

2 **1.** blême/livide – **2.** des courbatures dans les jambes – **3.** ne tient plus debout – **4.** tu es surmené(e) – **5.** sont sur les rotules/ont les jambes en compote – **6.** raplapla*

3 **1.** F – **2.** V – **3.** F – **4.** F – **5.** V

4 **1.** Il est surmené/il souffre de surmenage. – **2.** Il a eu « un coup de barre ». – **3.** Nous sommes sur les rotules/nous en avons plein les bottes/nous avons les jambes en compote. – **4.** Elle a des courbatures dans le bras droit. – **5.** Ils sont lessivés*/éreintés*/à bout de forces – **6.** Il n'en peut plus/il ne tient plus debout/il a les traits creusés par le manque de sommeil.

Exercices p. 61

1 **1.** comme un loir, debout, comme une souche* – **2.** des nuits blanches – **3.** a sauté, est tombé – **4.** endormi, assoupi – **5.** un somme, dodo* – **6.** de sommeil, du lit

2 **1.** piquer – **2.** debout – **3.** insomniaque – **4.** s'est assoupie – **5.** un loir/une marmotte – **6.** l'œil de la nuit – **7.** à poings fermés

3 **1.** Tu peux dormir tranquille/sur tes deux oreilles – **2.** ont fait la grasse matinée – **3.** un(e) somnambule – **4.** au saut du lit – **5.** n'a pas fermé l'œil de la nuit/a passé une nuit blanche – **6.** a dormi comme un loir/comme une marmotte – **7.** a fait un somme – **8.** je tombe de sommeil.

4 **1.** *Tous les problèmes sont réglés, tu n'as plus aucun souci à te faire.* → **Tu peux dormir sur tes deux oreilles, tu peux dormir tranquille.** – **2.** *Dimanche dernier, Adeline s'est levée à midi !* → **Elle a fait la grasse matinée.** – **3.** *Caroline a passé une très bonne nuit, elle a très bien dormi.* → **Elle a dormi comme un loir, comme une marmotte.** – **4.** *Émile est tellement inquiet pour sa vieille mère qu'il n'arrive même pas à dormir.* → **Il n'en dort plus de la nuit, il en perd le sommeil.** – **5.** *Tu dormais si profondément que je n'ai pas voulu te réveiller.* → **Tu dormais à poings fermés.**

Chapitre 8 Efforts et actions

Exercices p. 63

1 **1.** F – **2.** V – **3.** F – **4.** V – **5.** V

2 **1.** tâcheront – **2.** l'impossible – **3.** s'astreint à – **4.** joue la montre – **5.** ajournée/différée – **6.** sur quel pied danser.

3 **1.** remue – **2.** jouent – **3.** marcher – **4.** tourner – **5.** peser – **6.** casse – **7.** donne

4 **1.** *Je ne sais pas quoi faire : est-ce que je dois rejoindre mon mari à Dijon ? Ou est-ce qu'il vaut mieux que je reste à la maison avec les enfants ?* → **Elle ne sait pas sur quel pied danser.** – **2.** *Je voudrais te demander quelque chose... mais je ne veux pas te déranger ... si ce n'est pas le moment, je peux repasser...* → **Il tourne autour du pot.** – **3.** *Je fais très attention à ce que je dis. Je choisis mon vocabulaire, sinon je risque de blesser ma collègue.* → **Elle marche sur des œufs.** – **4.** *Eh bien, nous signerons dès que* *possible, dès que nous aurons tous les documents nécessaires. Il en manque encore quelques-uns, et comme c'est le week-end, tout cela est reporté à la semaine prochaine.* → **Il joue la montre.** – **5.** *Quelle histoire ! Comme ma voiture était en panne, je suis allé chez mon voisin, qui m'a gentiment prêté son vélo. J'ai filé à la gare, et j'ai pris un premier train. Ensuite, j'ai pris deux bus, et je suis quand même arrivé à l'heure à la réunion !* → **Il s'est cassé la tête pour venir, il s'est démené pour arriver.**

Exercices p. 65

1 **1.** rechignent, renâclent, se résignent – **2.** au pied du mur, fataliste – **3.** se décider, se déterminer – **4.** a tapé du poing sur la table, a sauté le pas, a traîné les pieds – **5.** sacrifié – **6.** rébarbatif, rebutant

2 **1.** rechignent/renâclent, tranchera – **2.** a précipité – **3.** est rebutant/rébarbatif – **4.** a décrété – **5.** me tape* – **6.** s'est résigné/en a pris son parti – **7.** s'est mis en tête de – **8.** contre son gré/à son corps défendant

3 **1.** mesures – **2.** corvée – **3.** l'âme – **4.** se sont résignés/en ont pris leur parti – **5.** gré – **6.** nous nous sommes rabattus – **7.** défendant – **8.** volonté, ont rechigné/renâclé, rébarbatif/rebutant

Exercices p. 67

1 **1.** pris – **2.** du zèle, cavalier seul – **3.** s'adonner, se consacrer – **4.** intervenir, agir – **5.** en place, en œuvre

2 **1.** V – **2.** F – **3.** F – **4.** V – **5.** V – **6.** V

3 **1.** fera – **2.** s'arrange pour/fait en sorte – **3.** s'adonner/se consacrer – **4.** mènera – **5.** lancé – **6.** l'enfer, intentions – **7.** la foulée/la lancée

4 **1.** a manœuvré de manière à – **2.** a réitéré – **3.** aller de l'avant – **4.** dans la lancée/la foulée – **5.** se sont mobilisés – **6.** fait cavalier seul.

Exercices p. 69

1 **1.** sont réticents – **2.** s'est désisté/a fait faux bond – **3.** s'est abstenu de – **4.** nous nous passerons de – **5.** doit se priver de – **6.** a cessé – **7.** a d'autres chats à fouetter – **8.** au four et au moulin

2 **1.** bond, l'impasse – **2.** perdre – **3.** dispensé – **4.** en retraite – **5.** a dissuadé son étudiant/a déconseillé à son étudiant – **6.** baisser – **7.** réticences – **8.** immobilisés/figés

4 🎧 1. *Franchement, ce n'est pas le moment de me demander de faire des photocopies ! J'ai des choses plus importantes à finir !* → **J'ai d'autres chats à fouetter !** – **2.** *Je ne peux pas à la fois m'occuper de ma mère et aller chercher les enfants à l'école !* → **Je ne peux pas être au four et au moulin !** – **3.** *C'est comme d'habitude ! Le directeur avait promis d'intervenir, et finalement, il a changé d'avis et n'a rien fait.* → **Il a fait machine arrière.** – **4.** *Tu connais Géraldine : elle promet toujours de venir, puis, à la dernière minute, elle ne vient jamais.* → **Elle nous fait faux bond.** – **5.** *Frédéric est complètement découragé, il a renoncé à se battre pour se projet.* → **Il a baissé les bras.** – **6.** *Pendant ma réunion avec mon chef, je n'ai pas voulu parler de mes problèmes avec Jérôme. Ce n'était vraiment pas le moment.* → **J'ai fait l'impasse sur ce sujet.**

Chapitre 9 La personnalité

Exercices p. 71

1 **1.** mauvais esprit – **2.** une tare – **3.** garde – **4.** gâché – **5.** se replie

2 **1.** se replier – **2.** illusions – **3.** veulent – **4.** coin – **5.** esprit – **6.** se développer/s'affirmer/se forger

3 **1.** abjects/immondes – **2.** perfide – **3.** a gâché/a pourri* – **4.** la morgue – **5.** en veut à – **6.** malveillants – **7.** est désenchanté

4 **1.** un rabat-joie/un trouble-fête – **2.** cynisme – **3.** ignoble/abject/infâme – **4.** blasée/désabusée – **5.** est aigrie.

Exercices p. 73

1 **1.** d'esprit – **2.** un bon-à-rien – **3.** chemin – **4.** épicurienne – **5.** sortie

2 **1.** V – **2.** F – **3.** F – **4.** V – **5.** V – **6.** V – **7.** F

3 **1.** est affable – **2.** est ignare – **3.** boute-en-train – **4.** sagacité – **5.** la tête sur les épaules – **6.** rabelaisien

4 **1.** tête – **2.** perspicacité/clairvoyance/sagacité – **3.** pétillants – **4.** sens, les pieds – **5.** mènent – **6.** parcouru/fait

Exercices p. 75

1 **1.** le cœur sur la main, un cœur de pierre, les nerfs solides – **2.** se blinder, s'aguerrir – **3.** coriace, intransigeant – **4.** fanfaron, m'as-tu-vu* – **5.** solides – **6.** à fleur de peau

2 **1.** attendrir – **2.** des mécaniques* – **3.** superficielle/frivole – **4.** de fer/draconienne – **5.** cœur – **6.** comme une porte de priso

3 **1.** fanfaronner – **2.** une hypersensible – **3.** revêche/aimable comme une porte de prison – **4.** s'endurcir/s'aguerrir – **5.** est une sans-cœur – **7.** a le cœur sur la main.

4 **1.** *Elle ne croit plus à rien. Elle qui était si engagée politiquement, elle est très déçue...* – **2.** *Avec François, on ne s'ennuie pas ! Le moins qu'on puisse dire, c'est que son style est assez coloré, ce qui met de l'ambiance !* – **3.** *Maintenant, elle est trop âgée pour sortir. Elle ne s'intéresse plus à grand-chose, elle vit dans son petit monde étriqué... C'est triste.* – **4.** *Mon voisin est têtu comme une mule et le moindre détail prend une importance disproportionnée. Quel esprit étroit !* – **5.** *Comme Damien est gentil ! Il rend service à tout le monde, il se coupe en quatre pour ses amis.*
1. a – **2.** b et c – **3.** a – **4.** b et c – **5.** a et b

Chapitre 10 Le comportement

Exercices p. 77

1 **1.** dérouté – **2.** souplesse, savoir-vivre – **3.** la conduite, le manège, l'abord – **4.** en avant, en retrait – **5.** parti – **6.** de tenue, de respect – **7.** s'emballer*, s'enflammer

2 **1.** imbue – **2.** politesse/correction – **3.** emballé*, feu de paille – **4.** abord, mettre – **5.** le devant

3 **1.** déroutante/déconcertante – **2.** est d'un abord facile – **3.** tirer parti de – **4.** est réactif – **5.** se mettre en avant – **6.** s'enflamme/s'emballe*

4 **1.** *Franchement, Marcel est un vrai pignouf* !* – **2.** *Fabrice a toujours été lunatique.* – **3.** *Dans ce genre de situations, il faut être réactif !* – **4.** *Cette femme politique est un vrai caméléon.* – **5.** *Claire a tendance à tout expliquer à tout le monde ! C'est normal, elle est professeur.*
1. V – **2.** F – **3.** F – **4.** F – **5.** V

Exercices p. 79

1 **1.** moue, grimace, tête – **2.** renfrogné, bougon – **3.** perturbée – **4.** sans cérémonie, comme un chien dans un jeu de quilles, à la bonne franquette – **5.** râle*, rouspète*

2 **1.** V – **2.** F – **3.** F – **4.** F – **5.** V – **6.** V

3 **1.** la gueule*/une gueule* d'enterrement – **2.** cracher dans la soupe – **3.** les petits plats dans les grands – **4.** un chien dans un jeu de quilles – **5.** à la bonne franquette – **6.** levée du pied gauche

4 **1.** rouspète*/râle* – **2.** bouder – **3.** fait – **4.** empoisonnent – **5.** assomme

Exercices p. 81

1 **1.** dépanner – **2.** restons, sommes – **3.** est – **4.** contribue – **5.** au paternalisme

2 **1.** F – **2.** V – **3.** F – **4.** V – **5.** F

3 **1.** se coupe en quatre – **2.** épaulé/secondé – **3.** prend sa petite sœur sous sa protection/sous son aile protectrice – **4.** la secourir/à son secours – **5.** bichonner*/chouchouter*/choyer – **6.** un havre (de paix) – **7.** a accordé

4 **1.** ménage – **2.** couve – **3.** a accordé/a octroyé – **4.** ont donné – **5.** cajole/câline – **6.** ont offert

5 **1.** est aux petits soins – **2.** donner un coup de main – **3.** papa-gâteau – **4.** prend son petit frère sous son aile protectrice – **5.** donner un coup de pouce.

Exercices p. 83

1 **1.** jouer – **2.** reposée – **3.** sournois – **4.** joué – **5.** rude

2 **1.** F – **2.** F – **3.** V – **4.** F – **5.** V – **6.** F

3 **1.** transigent – **2.** a tenu – **3.** ont mis/ont joué – **4.** mettent – **5.** réagir, garder – **6.** prépare – **7.** s'en est donné

4 **1.** *Je suis allée voir le garagiste. Quelle amabilité ! Il ne m'a dit ni bonjour ni au revoir, pas un sourire, pas un mot aimable...* → **Il est bougon, bourru, revêche, il est aimable comme une porte de prison.** – **2.** *Cette maîtresse d'école est d'une patience à toute épreuve !* → **Elle a une patience d'ange.** – **3.** *Tu le connais, il change complètement d'attitude selon la personne avec qui il parle. Certains appellent ça de l'adaptabilité...* → **C'est un vrai**

caméléon. – **4.** *Tu aurais vu les enfants jouer dans la neige, ils étaient tellement heureux ! Ils ont joué comme des fous.* → **Ils s'en sont donné à cœur joie.** – **5.** *En cas de danger, il ne faut absolument pas s'énerver, au contraire.* → **Il faut garder son sang-froid, la tête froide.**

Chapitre 11 S'exprimer

Exercices p. 85

1 1. V – 2. V – 3. F – 4. F – 5. F – 6. V

2 1. a sollicité – 2. a rétorqué/a riposté/a répliqué – 3. rejetée – 4. ont juré leurs grands dieux – 5. a mis le député sur la sellette – 6. laconique/lapidaire

3 1. de travers – 2. aient décliné – 3. cloué – 4. démarches – 5. jure – 6. interrogateur – 7. a renvoyé

4 1. *Le moins qu'on puisse dire, c'est qu'Aurélien ne s'est pas étendu sur la question ! Sa réponse tenait en un mot : « Non ! ».* → **Aurélien a fait une réponse lapidaire.** – **2.** *Tu connais Thierry, il ne répond jamais aux questions, c'est une vraie anguille. On n'a aucune prise sur lui.* → **Thierry est le roi de l'esquive !** – **3.** *Je voulais voir ma collègue Sabine, mais ce n'était vraiment pas le moment. Elle m'a juste signifié qu'elle était beaucoup trop occupée pour avoir du temps et qu'elle avait autre chose à faire que de me parler !* → **Sabine m'a envoyé promener, elle m'a rembarré*, m'a envoyé sur les roses.** – **4.** *Tous les parents veulent que cette école soit construite. Ils vont se rassembler et envoyer une lettre au maire.* → **Les parents vont lancer une pétition en faveur de la construction de l'école.** – **5.** *Loïc m'a assuré qu'il n'avait absolument pas été aidé pour faire ce devoir, mais je le soupçonne de ne pas être honnête.* → **Loïc a juré ses grands dieux qu'il n'avait pas été aidé.**

Exercices p. 87

1 1. déroulé – 2. mâchent – 3. la mesure – 4. tient – 5. la lune – 6. franc-parler

2 1. F – 2. F – 3. V – 4. V – 5. F – 6. F

3 **1.** mâché – **2.** un plat – **3.** répond – **4.** quatre, ambages – **5.** la lune – **6.** en haleine – **7.** retracer

4 **1.** n'a pas la langue dans sa poche – **2.** pas la lune – **3.** en fait des tonnes – **4.** à l'emporte-pièce – **5.** se faisait une montagne de cette journée – **6.** carrément – **7.** déroulé le tapis rouge pour – **8.** à cœur ouvert

Exercices p. 89

1 **1.** déplacés, agressifs – **2.** éloignés, écartés – **3.** dénoncé – **4.** insultes, injures – **5.** dit un mot, ouvert la bouche, vendu la mèche – **6.** rabâche

2 **1.** V – **2.** F – **3.** F – **4.** V – **5.** V

3 **1.** insulté – **2.** louvoie/biaise – **3.** tient sa langue – **4.** n'a pas soufflé mot de – **5.** la délation – **6.** se sont écartées – **7.** était saugrenue.

4 **1.** museler/bâillonner – **2.** à bâtons rompus – **3.** rebat – **4.** tacite, la mèche – **5.** se vante pas, a pas dit/soufflé

Exercices p. 91

1 **1.** une pie – **2.** persiflage, son mauvais esprit – **3.** se paye la tête – **4.** la gouaille, la faconde – **5.** la cantonade

2 **1.** caustique – **2.** ses traits – **3.** un moulin à paroles – **4.** un canular – **5.** calembours – **6.** est pince-sans-rire – **7.** la gouaille – **8.** une boutade

3 **1.** harangue – **2.** formule – **3.** tourner – **4.** acerbe – **5.** intarissable

4 **1.** *Le journaliste a essayé de faire parler le diplomate, mais ce dernier n'a absolument pas dit un mot sur la teneur de la réunion.* → **Le diplomate est resté muet comme une carpe, il n'a pas soufflé mot de la réunion.** – **2.** *Cet examen médical n'était pas du tout impressionnant, alors que Chloé pensait que ce serait long et très pénible. Elle en parlait à tout le monde depuis des semaines !* → **Elle en faisait toute une maladie = tout un monde = tout un plat.** – **3.** *Il faut dire que ce petit garçon n'a pas peur de parler. Il répond avec une franchise qui frise l'insolence !* → **Il n'a pas la langue dans sa poche.** – **4.** *Cela vingt fois que le professeur demande à ses étudiants de vérifier le sens des mots dans le dictionnaire, mais ils ne le font jamais.* → **Il pisse* dans un violon, il parle dans le vide, il prêche dans le désert.** – **5.** *C'est toujours la même chose avec Vincent ! Il faut qu'il se mêle de la conversation et qu'il donne son opinion, même si on ne la lui demande pas.*

→ **Il faut toujours qu'il mette son grain de sel.** – **6.** *Roland a durement critiqué sa hiérarchie, il n'a pas été particulièrement diplomate.* → **Il n'a pas mâché ses mots.** – **7.** *Je voudrais vous donner mon opinion, et je serai franc et direct.* → **Je n'irai pas par quatre chemins, je parlerai sans ambages.**

Chapitre 12 Critiquer – complimenter

Exercices p. 93

1 **1.** une levée – **2.** chipote* – **3.** descendue – **4.** dénie – **5.** l'indignation – **6.** frondeur

2 **1.** V – **2.** V – **3.** F – **4.** F – **5.** V – **6.** F

3 **1.** un tollé/une levée de boucliers – **2.** chicane sur/chipote* sur – **3.** tire à boulets rouges sur – **4.** dénigrent – **5.** un pamphlet – **6.** a descendu en flammes/a tiré à boulets rouges sur

4 **1.** de boucliers – **2.** l'auto-flagellation – **3.** l'esprit – **4.** petite bête – **5.** décrié – **6.** noircir – **7.** fait assassiner

Exercices p. 95

1 **1.** réprimandée, sermonnée – **2.** médit, dit pis que pendre – **3.** réprobateur – **4.** taper sur les doigts, engueuler* – **5.** reproches – **6.** ragots*, racontars*

2 **1.** V – **2.** F – **3.** V – **4.** F – **5.** V – **6.** V

3 **1.** réprouvent – **2.** réprimande/engueule* son petit garçon – **3.** médit/dit pis que pendre – **4.** calomnies/allégations infondées – **5.** a épinglé – **6.** salie/écornée

4 **1.** a jeté – **2.** fait, remarques – **3.** traîné, boue – **4.** ragots* – **5.** réprobation, blâmée – **6.** quart d'heure

Exercices p. 97

1 **1.** d'éloges – **2.** plaidoyer – **3.** laissé – **4.** redire – **5.** font – **6.** rendent

2 **1.** le mettent en garde contre des risques – **2.** encensent – **3.** lécher les bottes de – **4.** vante les mérites – **5.** me couvre d'éloges – **6.** il ne l'emportera pas au paradis/il nous le paiera – **7.** souffle le chaud et le froid

3 1. caresse – 2. fait – 3. sort – 4. jeter – 5. son chapeau – 6. tarit

4 1. *Oh là là, le patron était furieux du travail de Jean-François. Il lui a fait de très durs reproches !* → **Jean-François s'est fait engueuler*, il en a pris pour son grade, il a passé un mauvais quart d'heure. Son patron lui a passé un savon.** – 2. *Marie-France a dit à son nouveau directeur qu'il était absolument exceptionnel, à la fois compétent, sympathique et efficace, et que c'était un honneur de travailler avec lui !* → **Marie-France lèche les bottes de son nouveau directeur, elle le flatte, elle lui cire les pompes* !** – 3. *C'est affreux, on a parlé de Solange en disant qu'elle trompait son mari, qu'elle n'était pas honnête, qu'elle avait volé la société, et tout cela était faux.* → **On a calomnié Solange, on a tenté de la discréditer, on l'a traînée dans la boue.** – 4. *Matthieu est très gentil, mais si on le critique à tort, il devient assez agressif et ne se laisse pas faire.* → **Matthieu sort ses griffes, il montre les dents.** – 5. *Julien a exprimé son admiration pour cette ministre, qui a fait un long et brillant discours à l'Assemblée nationale.* → **Julien tire son chapeau à la ministre.** – 6. *Mon chef sait très bien alterner les reproches et les compliments.* → **Mon chef pratique la technique de la carotte et du bâton.**

Chapitre 13 Tromper – Se tromper

Exercices p. 99

1 1. a trouvé une échappatoire – 2. ce sont des diamants factices/ce sont de faux diamants – 3. sans en avoir l'air/mine de rien/l'air de rien, Samia... – 4. miroiter – 5. roublarde* – 6. escroqué

2 1. subterfuge/piège/stratagème – 2. une échappatoire/un faux-fuyant – 3. tour – 4. faire, détourner – 5. rien – 6. faussaire

3 1. elle l'a déjoué – 2. ils ont été falsifiés – 3. elle ne payait pas de mine – 4. il triche – 5. on s'y laisserait prendre

4 1. On m'a escroqué(e) en me vendant un faux meuble ancien. – 2. Le chèque a été falsifié. – 3. C'est une mascarade, un jeu de dupes. – 4. On tente de nous gruger/rouler*/ flouer/duper – 5. Il lui a fait miroiter un héritage par des promesses fallacieuses.

Exercices p. 101

1 **1.** un tartuffe – **2.** un imposteur – **3.** un(e) mythomane – **4.** un(e) démagogue – **5.** un simulateur/une simulatrice – **6.** un usurpateur/ une usurpatrice

2 **1.** rajoute – **2.** feint – **3.** s'est fait passer – **4.** donne – **5.** ment – **6.** racontent – **7.** cousue – **8.** a bourré*

3 **1.** Elle a joué la comédie, elle a feint l'indifférence. – **2.** Elle est mythomane, elle raconte des salade*/des bobards* – **3.** C'était cousu de fil blanc. – **4.** C'est de la tartufferie. – **5.** Elle ment comme elle respire. – **6.** Elles donnent le change.

Exercices p. 103

1 **1.** je n'y ai vu que du feu – **2.** elle est erronée – **3.** une illusion d'optique – **4.** elle s'est fichu* dedans – **5.** ils ont dit des âneries* – **6.** elle fait l'autruche/elle se voile la face – **7.** c'est une chimère/ un vœu pieux

2 **1.** F – **2.** V – **3.** F – **4.** F – **5.** F – **6.** V – **7.** V

3 **1.** sauf erreur de ma part/si je ne m'abuse – **2.** une ânerie* – **3.** se mettre le doigt dans l'œil/croire au Père Noël – **4.** à son insu – **5.** un traquenard – **6.** confond

4 **1.** *À Paris, il y a une rue Saint-Sébastien, un passage Saint-Sébastien et une impasse Saint-Sébastien !* → **Cela prête à confusion !** – **2.** *Elsa s'est laissé séduire par ce bel homme qui parlait si bien, mais qui l'a trompée !* → **Elsa s'est laissé embobiner*, elle est tombée dans le panneau.** – **3.** *Mourad n'a pas cru un instant aux excuses que lui donnait Violaine, car on ne le trompe pas facilement !* → **Il n'a pas été dupe, on ne la lui fait pas.** – **4.** *Daniel espérait que ses frères, en qui il a toute confiance, le soutiendraient dans cette épreuve, mais cela n'a pas du tout été le cas !* → **Il se faisait des illusions, il s'est mis le doigt dans l'œil.** – **5.** *La mère espère toujours que son fils finira par ranger sa chambre, ce qui serait un miracle.* → **La mère croit au père Noël !** – **6.** *Oh zut, le rendez-vous était ce matin et non cet après-midi ! Il est vrai que, d'habitude, ce genre de réunion se passe toujours le matin.* → **Cela m'a induite en erreur et je me suis foutue* dedans ! Je me suis gourée* !**

Exercices p. 105

1 **1.** V – **2.** F – **3.** V – **4.** F – **5.** F – **6.** V

2 1. étourderie – 2. malencontreux – 3. faux-pas/impairs – 4. défaillance, manquement – 5. une méprise/une confusion/un quiproquo – 6. de frappe

3 1. a dérapé/a commis un dérapage verbal – 2. est gaffeuse/elle commet des bourdes* – 3. par inadvertance/par mégarde – 4. une bavure – 5. des broutilles

4 1. *Le client a prétendu que, s'il n'avait pas payé la facture, c'est qu'il ne l'avait jamais reçue, bien qu'il l'ait demandée, etc etc, mais je ne le crois pas.* → **Il m'a raconté des salades* !** – 2. *Nous savons très bien que ces bijoux ne sont pas faits de pierres précieuses, mais de simples imitations.* → **On ne nous fera pas prendre les vessies pour des lanternes !** – 3. *Zohra m'a fait croire qu'elle allait partir pendant deux ans dans le Sahara, et pendant quelques minutes, je l'ai crue !* → **Elle m'a fait marcher, elle m'a menée en bateau.** – 4. *Tout le monde savait que Monsieur Lambert ne votait pas comme nous... et évidemment, Tania a abordé la question politique, ce qu'il ne fallait absolument pas faire.* → **Tania a mis les pieds dans le plat, elle a fait une gaffe.** – 5. *Thibaut ne veut pas admettre que sa femme et lui ne s'entendent plus du tout et que la situation est intenable. Il refuse de voir la réalité.* → **Il fait l'autruche, il se voile la face.** – 6. *La petite fille a essayé de faire croire à son grand-père qu'elle était malade, mais il ne l'a pas cru, car il est médecin !* → **On ne la lui fait pas !**

Chapitre 14 Les conflits

Exercices p. 107

1 1. attise, exacerbe – 2. frictions, tiraillements – 3. brimades – 4. intervenir – 5. nuire, humilier – 6. vicissitudes

2 1. régler – 2. se retourner – 3. désavoué – 4. fait entendre – 5. mettre – 6. maltraitent

3 1. la pomme de discorde – 2. des dissensions – 3. stigmatise – 4. hué – 5. la zizanie – 6. une riposte/une contre-attaque

4 1. farouche – 2. contentieux, dissensions/désaccords – 3. pomme de discorde – 4. maltraitance – 5. d'intervenir

5 🎧 1. *Les deux femmes sont collègues, mais comme elles se détestent, elles ne s'adressent plus la parole !* → **Elles sont à couteaux tirés.** – 2. *Oh, je sens beaucoup de tension dans l'équipe. Mon chef qui appréciait Nicole ne peut plus la supporter... Ça va mal tourner...* → **Il y a de l'eau dans le gaz.** – 3. *Je ne voudrais pas parler des sujets qui fâchent. Il y a suffisamment de difficultés en ce moment dans l'équipe !* → **Je ne veux pas mettre de l'huile sur le feu.** – 4. *Pendant la réunion, Léon et Thomas se sont disputés. On sentait que Thomas prenait sa revanche en critiquant Léon.* → **Thomas réglait ses comptes avec Léon.**

Exercices p. 109

1 **1.** un acte barbare – **2.** se venger – **3.** opprimé, persécuté – **4.** le vandalisme – **5.** dévasté, ravagé

2 **1.** F – **2.** F – **3.** V – **4.** V – **5.** V – **6.** V

3 **1.** a explosé – **2.** a dévasté – **3.** a coulé – **4.** C'est l'escalade de la violence/c'est un terrible engrenage – **5.** a fait de très nombreuses victimes/est un véritable carnage – **6.** a été vandalisée – **7.** Le bateau a disparu corps et biens. – **8.** un fléau/une calamité

4 **1.** tabasser*/casser* la gueule* – **2.** décombres – **3.** coulé – **4.** piégée – **5.** emporté

5 Les deux enfants sont en train de vandaliser une boîte aux lettres : ils versent de l'eau, par un entonnoir, à travers la fente de la boîte. Tout le courrier va être détruit !

Exercices p. 111

1 **1.** V – **2.** F – **3.** F – **4.** V – **5.** V – **6.** F – **7.** F

2 **1.** les belligérants – **2.** des pourparlers de paix – **3.** un bourbier – **4.** le démineur – **5.** une trêve – **6.** une force d'interposition – **7.** le couvre-feu

3 **1.** préparent/lancent – **2.** a décrété – **3.** observent/respectent – **4.** prendre – **5.** désamorcer, explosé – **6.** mènent – **7.** aspire – **8.** ont signé/ont ratifié

4 **1.** le cessez-le-feu a été déclaré – **2.** des troubles – **3.** ratifié – **4.** une trêve – **5.** pourparlers, un traité – **6.** troupes – **7.** un assaut

Exercices p. 113

1 **1.** F – **2.** V – **3.** F – **4.** V – **5.** F – **6.** F

2 **1.** sanglante – **2.** était désarmé/était désemparé – **3.** a torpillé/a sabordé – **4.** batailler/ferrailler – **5.** a fait l'effet d'une bombe – **6.** ont polémiqué

3 **1.** bataille – **2.** désamorcer – **3.** riposter/contre-attaquer – **4.** nerf – **5.** massacrer

4 **1.** *Les deux petits garçons se sont battus, et je peux te dire que la bagarre a été assez violente...* → **Ils n'y sont pas allés de main morte ! – 2.** *Zina cherche à calmer un peu les choses et à éviter les disputes avec ses collègues.* → **Elle tente de désamorcer le conflit. – 3.** *Ce jeune garçon joue très mal du violon, mais il s'obstine à jouer du Bach. C'est affreux !* → **Il massacre ces œuvres de Bach. – 4.** *La découverte de cette escroquerie a stupéfait tout le monde, sans parler des conséquences que cela aura...* → **Ça a fait l'effet d'une bombe. – 5.** *Cette étudiante était timide et fragile, mais avec le temps et l'expérience, elle a acquis de la force et de la confiance. Elle sait mieux se défendre, maintenant.* → **Elle s'est un peu aguerrie, elle est mieux armée pour la vie. – 6.** *Dans tous les magasins, j'entends exactement la même chanson. C'est insupportable !* → **On nous assomme avec cette chanson ! – 7.** *Sans argent, on ne fait rien ! Comment veux-tu organiser une grande fête avec un si petit budget ?* → **L'argent est le nerf de la guerre.**

Chapitre 15 Réussites et échecs

Exercices p. 115

1 **1.** F – **2.** V – **3.** V – **4.** V – **5.** F – **6.** F

2 **1.** table – **2.** une gageure – **3.** se mouille*/mouille* sa chemise – **4.** cloche – **5.** l'équipe de football joue gros – **6.** n'est pas de la tarte*

3 **1.** courir – **2.** se jeter – **3.** laisser – **4.** surmonter – **5.** se risque/se hasarde – **6.** table

4 **1.** *C'est à la fois compliqué et pénible de circuler un jour de grève des transports !* → **C'est une vraie galère ! – 2.** *Denis n'a pas vu le danger et il s'y est exposé naïvement !* → **Il est allé se jeter dans la gueule du loup. – 3.** *Ces problèmes sont ardus et nous avons beaucoup de mal à les résoudre.* → **Ils nous donnent du fil à retordre. – 4.** *J'ai finalement accepté cette mission comme si*

c'était un jeu et j'y prends du plaisir. → **Je me suis piquée/prise au jeu.** – **5.** *Hubert a accepté une mission sans savoir du tout où cela le mènera !* → **Il plonge dans l'inconnu.** – **6.** *Franchement, il est absurde de travailler comme un fou pour ce projet sans intérêt.* → **Le jeu n'en vaut pas la chandelle.**

Exercices p. 117

1 1. handicapé, désavantagé, défavorisé – **2.** semé, parsemé – **3.** tremplin – **4.** de mésaventures, de péripéties, d'épreuves – **5.** encombre, anicroche – **6.** dans de beaux draps, en travers du chemin – **7.** contrecarrer, compromettre

2 1. sans accroc/sans encombre – **2.** dans le pétrin* – **3.** mettre des bâtons dans les roues – **4.** réfréné/freiné – **5.** écueils – **6.** en butte à de sévères reproches – **7.** rebondissements

3 1. avaler – **2.** prêter – **3.** achoppent/butent – **4.** surgissent/se dressent – **5.** a franchi – **6.** briser/casser – **7.** compromettre

Exercices p. 119

1 1. est mal barré*/s'est enlisé – **2.** une défaite, une déconvenue – **3.** un malheur, un four* – **4.** raté, tombé à l'eau – **5.** un triomphe – **6.** un naufrage, une débâcle – **7.** revient

2 1. s'est écroulée – **2.** l'avons échappé – **3.** a subi – **4.** couronnée – **5.** court – **6.** a essuyé

3 1. de déconvenue en déconvenue – **2.** une prouesse/un exploit – **3.** est voué à l'échec – **4.** un coup d'épée dans l'eau – **5.** escompté – **6.** n'est pas au bout de ses peines.

4 1. *Zut, Mathilde a un empêchement, elle ne pourra pas m'accompagner en Inde. Du coup, notre voyage est annulé !* → **Le voyage est tombé à l'eau, c'est fichu*.** – **2.** *Élodie a failli perdre son emploi. Heureusement, à la dernière minute, son entreprise a trouvé de nouveaux clients et le poste d'Élodie a été maintenu.* → **Elle est sortie d'affaire, mais elle a eu chaud/elle l'a échappé belle.** – **3.** *Delphine a encore du chemin à faire pour finir son projet, et cela ne va pas être facile !* → **Elle n'est pas au bout de ses peines.** – **4.** *Cette réforme a été immédiatement oubliée. Elle était inutile !* → **C'était un coup d'épée dans l'eau.** – **5.** *Ce film a eu un succès phénoménal auprès des jeunes.* → **Il a fait un malheur auprès des jeunes.** – **6.** *La situation de Dominique commence enfin à s'améliorer, après toutes ces épreuves.* → **Elle voit enfin le bout du tunnel.**

Exercices p. 121

1 1. pouces – 2. aléas – 3. main – 4. circonstances – 5. aubaine

2 1. touche – 2. est née – 3. augure – 4. portera – 5. mettre – 6. croise

3 1. sorcier – 2. déveine*/tuile*/poisse* – 3. le plus grand des hasards – 4. haut la main – 5. il est tombé de Charybde en Scylla – 6. est passé comme une lettre à la poste – 7. de la veine*/du bol*

4 1. *Violaine ne fera rien pour m'aider, au contraire ! Si elle peut me gêner et m'empêcher d'avancer, elle le fera.* → **Elle se met toujours en travers du chemin, elle me met des bâtons dans les roues.** – 2. *Nathalie est dans une situation délicate : elle est entre ses supérieurs hiérarchiques qui lui demandent de faire des économies et ses salariés qui veulent une augmentation.* → **Elle se trouve entre le marteau et l'enclume.** – 3. *Maud a toujours de la chance. Quoi qu'elle entreprenne, elle réussit !* → **Elle a de la veine*/du bol* ! Elle est née sous une bonne étoile.** – 4. *Nous pensions que nos vieux parents devraient se faire aider et, à notre grande surprise, ils ont tout de suite accepté.* → **C'est passé comme une lettre à la poste.** – 5. *Yasmina a décidé de conduire alors qu'elle a une mauvaise vue. C'est vraiment dangereux, elle risque de provoquer un accident !* → **Elle joue avec le feu.** – 6. *Cette réunion a été complètement inutile. Aucun des sujets importants n'a été abordé.* → **C'était un coup d'épée dans l'eau.** – 7. *Oh là là, j'ai eu une de ces peurs ! J'ai appris qu'un violeur se promenait dans le quartier et qu'il avait été arrêté quelques minutes avant que je n'arrive ici.* → **Je l'ai échappé belle, j'ai eu chaud !**

Chapitre 16 Émotions et sentiments

Exercices p. 123

1 1. le coup – 2. bouleversant, poignant – 3. un crève-cœur* – 4. l'émotion, le chagrin – 5. le désarroi, la détresse – 6. se remet de ses émotions, reprend le dessus

2 1. V – 2. F – 3. F – 4. F – 5. V – 6. F

3 1. fend le cœur de – 2. flippe* – 3. désorientés – 4. a repris goût à

la vie – **5.** démoralisée/abattue/au 36e dessous – **6.** éprouve

4 **1.** repris – **2.** remuer – **3.** remis – **4.** broient – **5.** est allée – **6.** fait

5 **1.** *Nous avons appris que le maire de notre village a été assassiné ! Quel choc ! Personne ne sait quoi faire ni quoi dire.* → **Tout le village est en proie à une vive émotion, tout le monde est atterré.** – **2.** *Sonia ne faisait plus rien, elle se laissait aller, elle ne sortait plus. Heureusement, ses cousins l'ont invitée à passer des vacances à la campagne avec eux. Je crois qu'elle va mieux, depuis.* → **Elle était au 36e dessous, elle broyait du noir, mais elle reprend le dessus, elle reprend goût à la vie.** – **3.** *Didier avait été pris en otage et il est enfin revenu. Sa famille était à l'aéroport pour l'attendre. Tout le monde est tombé dans les bras l'un de l'autre, tout le monde pleurait de joie.* → **Tout le monde était bouleversé, submergé par l'émotion.** – **4.** *Être obligés de vendre notre appartement a été très dur. Nous y avions vécu presque toute notre vie !* → **Cela a été un crève-cœur*, un déchirement.** – **5.** *Quand j'ai eu des difficultés d'argent, tous mes voisins se sont cotisés pour m'aider. Cela m'a énormément touchée.* → **Cela m'est allé droit au cœur.**

Exercices p. 125

1 **1.** V – **2.** F – **3.** F – **4.** F – **5.** V – **6.** F – **7.** V

2 **1.** retient – **2.** ne boudons pas – **3.** se culpabilise – **4.** a/n'a pas – **5.** échangent – **6.** pleurniche

3 **1.** stimulant/exaltant – **2.** a du sang sur les mains – **3.** de gaieté de cœur – **4.** aura toujours ce vol sur la conscience/n'a pas la conscience en paix – **5.** a le sourire aux lèvres – **6.** jubilent – **7.** Serge est un bouc émissaire.

4 **1.** *J'ai été invitée à l'inauguration de l'exposition, ce qui est plutôt agréable !* → **Ce n'est pas pour me déplaire, je ne boude pas mon plaisir.** – **2.** *Mon fils n'avait absolument pas travaillé, donc il a eu une très mauvaise note en maths. Quand il est rentré à la maison, il n'était pas fier et attendait mes reproches.* → **Il était dans ses petits souliers.** – **3.** *J'aurais dû inviter Étienne à venir avec nous. Le pauvre, il va rester seul et triste pendant que nous serons en vacances. Cela me gêne beaucoup.* → **Je me sens culpabilisée de le laisser seul.** – **4.** *Quand tout le monde s'est moqué de moi à cause de mon lapsus, j'ai fait comme si je riais, mais franchement, j'avais honte.* → **Je riais jaune.** – **5.** *Ce film était extrêmement drôle et a provoqué des éclats de rire dans le public.*

→ **Le film était à pleurer de rire, désopilant. Le public s'est tordu de rire.**

Exercices p. 127

❶ **1.** chiffonne*, donne des sueurs froides, tourmente. – **2.** soupe-au-lait*, dans tous ses états – **3.** n'en dort plus de la nuit, n'en mène pas large – **3.** haussé le ton, mis de l'eau dans son vin – **4.** du souci, du mauvais sang – **5.** la chair de poule, des sueurs froides – **6.** sous le coup de la colère, dans une colère noire – **7.** houleuse, mouvementée, orageuse

❷ **1.** la tarabuste*/la chiffonne*/la turlupine* – **2.** me rendent chèvre* – **3.** est sortie de ses gonds/est montée sur ses grands chevaux – **4.** lui a donné des sueurs froides – **5.** mette de l'eau dans son vin – **6.** est soupe-au-lait* – **7.** ce n'est pas la fin du monde – **8.** son sang n'a fait qu'un tour

❸ **1.** dépassaient – **2.** est montée – **3.** se fait – **4.** chair de poule – **5.** menait/mène – **6.** pique – **7.** le ton, échauffés – **8.** ses états

Exercices p. 129

❶ **1.** le coup de foudre, le béguin – **2.** mauvaise, en horreur – **3.** une toquade, une amourette – **4.** sentir, supporter, encadrer* – **5.** tendresse – **6.** troublé, séduit

❷ **1.** en grippe – **2.** avons tissé – **3.** en peinture – **4.** tombent – **5.** une dent – **6.** froissés/blessés – **7.** écœuré

❸ **1.** raffole des – **2.** de la répulsion – **3.** ressasse – **4.** idolâtre/vénère – **5.** vos griefs – **6.** ne peut pas sentir/ne peut pas supporter

❹ 🎧 **1.** *Je ne peux pas supporter cette femme, c'est plus fort que moi !* → **Je ne peux pas l'encadrer*, je ne peux pas la voir en peinture.** – **2.** *Hélène a un petit chien pas encore dressé, qui n'arrête pas de faire des bêtises et de provoquer sa maîtresse. Cela énerve Hélène.* → **Le chien la fait tourner en bourrique, il la rend chèvre*.** – **3.** → *Pascal et Michel se sont tout de suite entendus et compris, d'autant qu'ils ont la musique en commun.* → **Ils ont des atomes crochus, ils ont une complicité/une connivence remarquables.** – **4.** *Après la grosse bêtise qu'elle a faite, la secrétaire n'était pas très rassurée de voir son patron.* → **Elle était dans ses petit souliers, elle n'en menait pas large.** – **5.** *Quand Benoît a vu Louise la première fois, il est tout de suite tombé amoureux d'elle.* → **Il a eu le coup de foudre pour elle.**

Chapitre 17 Les compétences

Exercices p. 131

1 **1.** vocation – **2.** de compétences – **3.** esprit, points – **4.** le chic* – **5.** l'envergure – **6.** reins

2 **1.** V – **2.** F – **3.** F – **4.** V – **5.** F

3 **1.** compétences – **2.** talents, apte – **3.** les épaules – **4.** capacité/faculté, l'esprit – **5.** cordes – **6.** le sens – **7.** requises

4 **1.** mener – **2.** Samuel est susceptible de devenir – **3.** l'étoffe d'un – **4.** n'entre pas dans mon champ de – **5.** a plusieurs cordes à son arc – **6.** excelle – **7.** l'a emporté sur

Exercices p. 133

1 **1.** il retourne, il s'agit – **2.** incollable*, pédant, calé – **3.** une compétence – **4.** approfondir, enrichir, étaler – **5.** un peu plus, long – **6.** transmet, inculque

2 **1.** le bagage culturel – **2.** un érudit/un puits de science – **3.** les rudiments – **4.** une colle* – **5.** la pédanterie

3 **1.** sache – **2.** transmettre – **3.** retourne/s'agit – **4.** sait – **5.** tenir – **6.** pousser

4 **1.** autant que je sache – **2.** des rudiments – **3.** une propension – **4.** est pédant – **5.** est féru de – **6.** chevronné – **7.** a pris connaissance de – **8.** un penchant/un faible

Exercices p. 135

1 **1.** F – **2.** F – **3.** V – **4.** V – **5.** F – **6.** F

2 **1.** l'inspiration – **2.** ni d'Ève ni d'Adam – **3.** moindre – **4.** la hauteur – **5.** novateur, innovants – **6.** débrouillard

3 **1.** est un bon-à-rien – **2.** ingénieuse/astucieuse/débrouillarde* – **3.** les ficelles – **4.** de grosses lacunes – **5.** des bribes – **6.** une mémoire défaillante – **7.** du souffle

4 **1.** *Sylvie n'a aucune connaissance en mathématiques. C'en est choquant.* → **Elle est d'une ignorance crasse dans le domaine.** – **2.** *Ce grand cuisinier a une énorme expérience : il sait trouver des astuces à la dernière minute. Il sait aussi rattraper une erreur sans que le client s'en aperçoive.* → **Ce cuisinier connaît toutes les ficelles du métier.** – **3.** *Michel connaît énormément de choses sur* *la musique.* → **Il en connaît un rayon sur la musique. - 4.** *Marius a 17 ans, il débute dans le métier. Il est adorable, mais il ne sait pas grand-chose encore.* → **C'est un bleu, c'est un petit jeune. - 5.** *Henri sait faire toutes sortes de choses : il connaît aussi bien la mécanique que la menuiserie et le jardinage.* → **Il a plusieurs cordes à son arc.**

Chapitre 18 Le psychisme

Exercices p. 137

1 **1.** souffre - **2.** psychologue, perspicace - **3.** machinalement, par automatisme - **4.** troubles de la personnalité, maladies mentales - **5.** anxieux, à côté de ses pompes* - **6.** supériorité

2 **1.** inhibé - **2.** perspicace/psychologue - **3.** machinalement - **4.** un hôpital psychiatrique - **5.** elle a tendance à somatiser* - **6.** elle les prend à rebrousse-poil*

3 **1.** coincé*/complexé - **2.** machinalement - **3.** est dénuée - **4.** les ressorts - **5.** somatise* - **6.** fait preuve de - **7.** une idée fixe

Exercices p. 139

1 **1.** pulsions - **2.** problèmes - **3.** anxiolytiques - **4.** imaginaire - **5.** accès - **6.** mythomanie - **7.** dents

2 **1.** Elle est claustrophobe, elle souffre de claustrophobie - **2.** Elle souffre de troubles bipolaires, elle est maniaco-dépressive - **3.** Elle est anorexique, elle souffre d'anorexie. - **4.** Il a des crises d'angoisse, il est angoissé. - **5.** Il est pervers, il fait preuve de perversité. - **6.** Elle est hypocondriaque, c'est une malade imaginaire. - **7.** Elle est mythomane.

3 **1.** est dyslexique. - **2.** des hauts et des bas. - **3.** des pulsions suicidaires - **4.** anxiolytiques - **5.** est sujet à - **6.** de suffoquer - **7.** psychotropes.

Exercices p. 141

1 **1.** entreprendre, engager, suivre - **2.** l'interprétation des rêves, les associations d'idées - **3.** névrosée - **4.** son désarroi, sa détresse - **5.** un détraqué*, un déséquilibré, un forcené - **6.** sénile

2. **1.** F – **2.** V – **3.** V – **4.** V – **5.** F – **6.** V

3. **1.** interner – **2.** a été traumatisé – **3.** un psy* – **4.** refoulées – **5.** engager/entreprendre – **6.** de psychose – **7.** se prend pour

4. **1.** un détraqué*/déséquilibré – **2.** mentale, interné/soigné, psychiatrique – **3.** traumatisés – **4.** névrosée, névrose – **5.** démence sénile, la tête – **6.** cure, associations – **7.** perturbé

Exercices p. 143

1. **1.** V – **2.** F – **3.** F – **4.** V – **5.** V – **6.** F

2. **1.** la boule* – **2.** un psychodrame – **3.** obsessionnelle – **4.** travaillé comme un fou – **5.** fous de joie – **6.** une histoire de fous

3. **1.** maniaque/obsessionnelle – **2.** délire – **3.** maso* – **4.** hystérique – **5.** s'est défoulée

4. **1.** *Quand les parents ont découvert que leur fils était homosexuel, ça a été tout un drame. C'est absurde !* → **C'est un vrai psychodrame familial !** – **2.** *Clotilde ne change jamais d'avis, et est incapable de la moindre souplesse mentale.* → **Elle est psychorigide.** – **3.** *Rosine a encore une fois oublié de prendre son passeport. Ce n'est pas possible, elle oublie tout en ce moment !* → **Elle perd la tête, elle perd la boule* !** – **4.** *Lambert est toujours convaincu que son équipe complote contre lui, ce qui est faux.* → **Il est parano* !** – **5.** *Anne travaille jour et nuit pour venir à bout de sa charge de travail.* → **Elle travaille comme une folle, elle a une quantité démente de travail à faire.**

Chapitre 19 Raisonner, nuancer

Exercices p. 145

1. **1.** le point, le bilan – **2.** un bon présage, de bon augure – **3.** prendre – **4.** réagi – **5.** cheminement, cours – **6.** élaborer, concevoir – **7.** forme, tournure

2. **1.** F – **2.** V – **3.** F – **4.** V – **5.** F – **6.** V

3. **1.** éveiller – **2.** ferons/avons fait – **3.** a piqué – **4.** se perdent – **5.** a mis – **6.** est plongée

4. **1.** élaborer – **2.** suspecté – **3.** se recueillir – **4.** à chaud – **5.** figurez-vous – **6.** pressent

Exercices p. 147

1 **1.** elle est tirée par les cheveux – **2.** il est rempli de lieux communs – **3.** elle met la charrue avant les bœufs – **4.** il est très homogène/cohérent – **5.** elle était incongrue

2 **1.** en quatre – **2.** organiser – **3.** principe – **4.** se greffent – **5.** la charrue – **6.** enfonces – **7.** repose – **8.** de nature

3 **1.** V – **2.** V – **3.** F – **4.** V – **5.** F – **6.** V – **7.** F

Exercices p. 149

1 **1.** bon, nécessaire – **2.** tendancieuse – **3.** manichéen – **4.** pondériez, tempériez – **5.** retenue, discernement – **6.** mes yeux

2 **1.** V – **2.** F – **3.** V – **4.** V – **5.** F – **6.** V

3 **1.** jusqu'à un certain point – **2.** s'est ravisée – **3.** judicieusement – **4.** corrobore – **5.** tempérer – **6.** paramètres – **7.** tendancieuse – **8.** doit être impartial – **9.** dans mon for intérieur

4 **1.** critères – **2.** facteurs, ligne, l'occurrence – **3.** la part – **4.** mitigées – **5.** un euphémisme – **6.** changer – **7.** faire

Exercices p. 151

1 **1.** emberlificotée* – **2.** débroussailler* – **3.** schématique – **4.** le flou – **5.** lumineuse

2 **1.** circonstanciée – **2.** J'ai suivi à la lettre – **3.** fera la lumière – **4.** schématique – **5.** quiproquos/imbroglios - **6.** se mélange les pinceaux*/s'y perd. – **7.** dans ces eaux-là

3 **1.** prête – **2.** ni tête – **3.** mettre – **4.** la lumière – **5.** effleurer – **6.** suivent – **7.** élucidé – **8.** a détaillé – **9.** a levé

4 **1.** *Mathilde a surpris une conversation entre ses amis et elle a deviné qu'on lui préparait une surprise.* → **La conversation lui a mis la puce à l'oreille.** – **2.** *Je pensais que cette conférence serait originale, mais je n'ai entendu que des banalités, telles que : « s'il y a davantage d'inégalités, c'est que les riches sont plus riches et les pauvres sont plus pauvres ! ».* → **C'est une lapalissade, un lieu commun ! Le conférencier a enfoncé des portes ouvertes.** – **3.** *Oscar a commencé par proposer des solutions avant d'avoir vraiment étudié le problème. C'est illogique !* → **Il a mis la charrue avant les bœufs.** – **4.** *Le document que m'a donné l'élève n'a aucun ordre, aucune logique... On n'y comprend rien.* → **Cela n'avait ni queue ni tête.** – **5.** *La fin de ce film est difficile à croire. C'est à la fois trop compliqué et peu vraisemblable.* → **C'est tiré par les cheveux.**

Chapitre 20 Modèles et comparaisons

Exercices p. 153

1 **1.** au même titre que – **2.** digne – **3.** modèle – **4.** émules – **5.** galvaudé

2 **1.** F – **2.** V – **3.** V – **4.** F – **5.** F – **6.** V

3 **1.** copies/reproductions – **2.** plagiat, plagié – **3.** pastiche – **4.** digne – **5.** escient

4 **1.** à la manière de – **2.** clichés – **3.** se réfèrent à – **4.** à tort et à travers – **5.** sont moutonniers/des moutons de Panurge – **6.** à l'eau de rose

Exercices p. 155

1 **1.** à l'avenant – **2.** établi – **3.** vont – **4.** revient – **5.** se valent – **6.** homologue

2 **1.** V – **2.** F – **3.** F – **4.** V – **5.** V

3 **1.** sosie – **2.** iota – **3.** acabit – **4.** convergence – **5.** simulacre – **6.** liens

4 **1.** s'apparente à – **2.** Il existe des similitudes entre ces deux idées/il est possible d'établir un rapprochement entre deux idées. – **3.** son homologue – **4.** cela revient au même – **5.** va de pair avec – **6.** corrélés – **7.** de la sorte

Exercices p. 157

1 **1.** un clivage – **2.** divergent – **3.** Il n'y a pas de commune mesure – **4.** c'est le jour et la nuit – **5.** est en contradiction avec les – **6.** hétéroclites – **7.** hors pair/hors du commun

2 **1.** torchons et les serviette – **2.** le même sac – **3.** et la nuit – **4.** fait deux – **5.** paire de manches

3 **1.** *Tu sais bien comment ça se passe ! D'un côté, il y a les cadres de l'entreprise qui ont des réunions entre eux. De l'autre, les petites mains comme moi qui ne sont jamais au courant de rien...* → **On ne mélange pas les torchons et les serviettes. – 2.** *Que je parte deux semaines en juillet ou en août, cela ne change rien pour moi.* → **Cela revient au même, c'est du pareil au même.** – **3.** *Quand je vois tous ces touristes qui vont en vacances au même endroit, à la même époque de l'année, cela me stupéfie !* → **Ce sont des moutons de Panurge ! Comme ils sont**

moutonniers ! – **4.** *Nous avons vu un film à la télé l'autre soir qui était vraiment « un film de filles », avec des histoires d'amour un peu sucrées...* → **C'était un film à l'eau de rose.** – **5.** *La façon dont on se sert du mot « républicain » m'énerve un peu. Il n'a plus aucun sens réel.* → **Le mot est mis à toutes les sauces.** – **6.** *Je suis complètement nulle en langues étrangères. Je n'ai jamais pu en apprendre une seule.* → **Les langues étrangères et moi, ça fait deux !** – **7.** *Tu ne peux pas dire que « les Français sont racistes ». Tous ne le sont pas, tout de même !* → **Tu ne peux pas mettre tous les Français dans le même sac !**

Chapitre 21 Causes et conséquences

Exercices p. 159

1 **1.** les ressorts cachés, les tenants et les aboutissants – **2.** à l'instigation – **3.** l'étincelle – **4.** le promoteur, l'artisan – **5.** un rôle déterminant – **6.** matière – **7.** au nom

2 **1.** le compte – **2.** moteur – **3.** la goutte d'eau, déborder – **4.** prétexte – **5.** un facteur – **6.** déclencheur – **7.** raviver

3 **1.** à l'instigation – **2.** ressorts cachés – **3.** C'est l'étincelle qui a mis le feu aux poudres. – **4.** et pour cause – **5.** est à mettre sur le compte de/vient de/est causée par – **6.** motifs inavouables – **7.** le père

4 **1.** *En fait, nous ne connaissons pas les raisons secrètes de la décision du ministre.* → **Nous ne connaissons pas les ressorts cachés de cette décision.** – **2.** *C'est une banale dispute qui a déchaîné ces réactions violentes et criminelles.* → **C'est l'étincelle qui a mis le feu aux poudres.** – **3.** *Je ne comprends pas pourquoi les voisins ne se parlent plus. J'aimerais bien savoir ce qui s'est passé !* → **Je voudrais comprendre le pourquoi de cette dispute !** – **4.** *C'est André Malraux qui a œuvré pour la loi sur la sauvegarde des monuments français.* → **Il est le père de cette loi.** – **5.** *C'est Antoine qui est le plus dynamique dans ce groupe de travail. Tout repose sur lui !* → **Antoine est l'élément moteur/le pivot de ce groupe.** **6.** *Entendre parler de ses parents a rappelé des souvenirs très pénibles à Laurence.* → **Ça a ravivé de vieilles blessures.**

Exercices p. 161

1 **1.** des retombées, des conséquences – **2.** pâtir, souffrir – **3.** séquelles – **4.** entraîné, provoqué, abouti à – **5.** un impact fort, peu d'incidence, un certain retentissement – **6.** lieu, matière

2 **1.** F – **2.** V – **3.** V – **4.** F – **5.** V – **6.** F

3 **1.** éveiller – **2.** tirer – **3.** pâtissent/souffrent – **4.** ouvre la voie – **5.** a donné, s'est soldé – **6.** a ouvert – **7.** jouer – **8.** a soulevé.

Chapitre 22 Doutes et certitudes

Exercices p. 163

1 **1.** haut – **2.** nourrit – **3.** présomptions – **4.** ses distances – **5.** doute – **6.** tous les coups

2 **1.** F – **2.** F – **3.** V – **4.** V – **5.** F – **6.** V

3 **1.** n'est pas inscrit dans le marbre – **2.** des réactions mitigées/un certain scepticisme – **3.** je ne suis pas né(e) de la dernière pluie ! – **4.** je tombe de haut/je tombe des nues/je n'arrive pas à le croire ! – **5.** reste sur son quant-à-soi.

4 **1.** se méfie de – **2.** est sceptique quant à – **3.** nous faire prendre des vessies pour des lanternes – **4.** n'est pas né de la dernière pluie – **5.** À ce qu'il paraît/selon toute vraisemblance – **5.** plausible

Exercices p. 165

1 **1.** vue – **2.** indéfectible – **3.** fer – **4.** portes ouvertes – **5.** conviction

2 **1.** Vous prêchez un(e) convaincu(e). – **2.** Tu crois au Père Noël ! – **3.** Elle se fait des illusions/elle prend ses désirs pour des réalités. – **4.** J'en donnerais ma main à couper. – **5.** Ce que dit son père est parole d'évangile pour Agathe. – **6.** indéniablement/sans conteste

3 **1.** de l'esprit – **2.** sur parole – **3.** main/tête – **4.** froid – **5.** toupet*/culot*/aplomb

4 **1.** *Ma chérie, tu crois vraiment que la vie va être douce et tranquille ? Tu rêves !* → **Tu crois au Père Noël !** – **2.** *La petite fille est allée voir le professeur et lui a calmement expliqué qu'il s'était trompé. Tu te rends compte ? Elle a seulement 6 ans !* → **Elle ne manque pas de toupet*/elle n'a pas froid aux yeux !** – **3.** *De toute* *façon, ce projet ne sert à rien, il est superficiel. Il n'est là que pour donner aux électeurs l'impression que ça bouge.* → **On veut nous faire prendre des vessies pour des lanternes. – 4.** *Tu n'avais pas compris que Lucas s'intéressait à toi ? C'est incroyable, tu es la seule à ne rien avoir remarqué !* → **Ça saute aux yeux, ça se voit comme le nez au milieu de la figure ! – 5.** *Tu connais ton père : tout ce que tu dis est précieux, tu es la seule qu'il accepte d'écouter.* → **Ce que tu dis est parole d'évangile. – 6.** *Je suis absolument certain de la date de cette bataille et je suis même prêt à parier !* → **J'en donnerais ma main/ma tête à couper, j'en mettrais ma tête sur le billot.**

Chapitre 23 Effets de mode

Exercices p. 167

1 **1.** dernier cri, parisianisme – **2.** à la mode, au goût du jour – **3.** le vent en poupe, la cote – **4.** s'emballent*, s'enthousiasment – **5.** désuète, très tendance, dépassée.

2 **1.** V – **2.** F – **3.** V – **4.** V – **5.** F

3 **1.** la cote – **2.** fait fureur – **3.** est désuète/démodée/dépassée – **4.** est à la pointe du progrès – **5.** est passée de mode/est démodée – **6.** effervescence

4 **1.** flambant – **2.** le coup* – **3.** se fait, tendance/branché, parisianisme – **4.** se ruent, fureur – **5.** bouillonnement/renouveau

Exercices p. 169

1 **1.** du goût, de l'allure – **2.** du panache – **3.** éclectiques, de luxe – **4.** endimanchée, engoncée – **5.** l'habitude – **6.** raffiné, infaillible

2 **1.** F – **2.** V – **3.** F – **4.** F – **5.** V – **6.** F

3 **1.** standing – **2.** commet – **3.** élégant(e), cèdes – **4.** éclectiques – **5.** douteux – **6.** tenue

4 **1.** apprêté – **2.** endimanchée – **3.** une classe folle – **4.** engoncé – **5.** son accoutrement – **6.** brio/panache

Exercices p. 171

1 **1.** un ourlet – **2.** une doublure – **3.** un dé à coudre – **4.** un accroc – **5.** la boutonnière – **6.** une retouche – **7.** le patron – **8.** un mètre

2 **1.** bâtir, faufiler – **2.** des boutons, une fermeture Éclair – **3.** une aiguille, un dé, des ciseaux – **4.** un raccord, un ourlet, une retouche – **5.** coupe, mesure, coud – **6.** de riz, de jersey

3 **1.** V – **2.** F – **3.** F – **4.** F – **5.** V – **6.** F – **7.** F – **8.** V

4 **1.** reprendre – **2.** tombe, fait – **3.** faufile/bâtit – **4.** l'accroc, raccord – **5.** a filé – **6.** une maille *(2 fois)* – **7.** enfile, recoudre

Exercices p. 173

1 **1.** mannequins – **2.** fripée – **3.** voyantes – **4.** dégriffés – **5.** entêtant

2 **1.** F – **2.** V – **3.** F – **4.** V – **5.** V – **6.** V

3 **1.** vous couvrir – **2.** coup de fer – **3.** capiteux/lourd – **4.** griffe – **5.** froissée/fripée – **6.** emmitouflé

4 **1.** au parfum. – **2.** a un peu brodé sur. – **3.** sont cousues de fil blanc. – **4.** a été froissé par les critiques. – **5.** ça n'a pas fait un pli.

5 **1.** *Les touristes se précipitent dans cette pâtisserie, dont les macarons ont énormément de succès. Il y a même la queue !*
→ **Cette pâtisserie a la cote auprès des touristes : ils se ruent sur ses macarons qui font fureur.** – **2.** *Tu verrais Sylvette ! Elle a 80 ans et elle porte encore des dentelles et du maquillage, ce qui est ridicule à son âge.* → **Elle porte des fanfreluches, elle commet une faute de goût.** – **3.** *Aline a sorti des vêtements d'un carton. Ils y étaient restés deux ans ! Il faut absolument les laver et les repasser.* → **Ils sentent le renfermé, ils sont tout froissés/fripés.** – **4.** *Zut, j'ai déchiré ma veste ! Il faut que je trouve quelqu'un pour arranger ça.* → **Je me suis fait un accroc à ma veste, il faut que je trouve un retoucheur pour qu'il fasse un raccord.** – **5.** *Bon, une maille à l'endroit, une maille à l'envers... Ma pelote qui tombe !* → **Elle fait du tricot, elle tricote (elle fait du point de riz).** – **6.** *Il faut que je trouve du fil de la même couleur que ce bouton.* → **Il va recoudre un bouton.**

Chapitre 24 La recherche

Exercices p. 175

1 **1.** un colloque, un congrès – **2.** dures, exactes – **3.** approfondies, fructueuses – **4.** un article, un ouvrage, un papier – **5.** fondamentale, appliquée

2 1. V – 2. F – 3. V – 4. F – 5. V – 6. V

3 1. multiple – 2. branches – 3. vulgarisation – 4. quadrature – 5. résout – 6. graphique, courbe – 7. portée

4 1. ont été stériles/vaines – 2. sociales – 3. un colloque – 4. une communication – 5. les actes – 6. la quadrature du cercle

Exercices p. 177

1 1. les résultats, les paramètres – 2. génétiques, d'embryons – 3. rigoureux – 4. probants, concluants – 5. dysfonctionnements – 6. confirme, corrobore, infirme

2 1. invalidée – 2. probants – 3. toute la rigueur – 4. prouvée – 5. une percée – 6. incompréhensible/inexplicable – 7. élargir

3 1. données – 2. obéit – 3. champ – 4. expérimental – 5. la voie – 6. procède

4 1. V – 2. F – 3. V – 4. V – 5. V – 6. F

5 1. *À vrai dire, on ne sait pas pourquoi cela se passe de cette manière. Il faudra faire de nouvelles expériences pour comprendre ce phénomène.* – 2. *Nous ne sommes encore sûrs de rien. Nous essayons ce nouvel appareil, mais nous ne savons pas encore s'il sera fiable ou non.* – 3. *La découverte de cette molécule est fondamentale et ouvre de belles perspectives thérapeutiques.* – 4. *Pour cette découverte, je dois reconnaître qu'il y a une part de hasard et une part de flair*.*
1. F – 2. V – 3. V – 4. F

Chapitre 25 L'environnement

Exercices p. 179

1 1. pollué, vicié – 2. respecte, sauvegarde – 3. du déboisement, de la déforestation, de l'extinction de certaines espèces animales – 4. durable – 5. douce, potable – 6. rejets, déchets – 7. des glaciers, de la banquise

2 1. V – 2. F – 3. F – 4. V – 5. V

3 1. croissance/économie – 2. durable – 3. nappes – 4. marée noire – 5. couche – 6. déforestation/déboisement

4 **1.** un pic – **2.** les déchets – **3.** vicié – **4.** sont taries – **5.** néfastes

Exercices p. 181

1 **1.** à l'énergie – **2.** le gaspillage – **3.** la pénurie – **4.** gisement – **5.** chimiques

2 **1.** F – **2.** V – **3.** V – **4.** F – **5.** F – **6.** V – **7.** F – **8.** V

3 **1.** piétonnière – **2.** panneaux – **3.** chaîne – **4.** gisement – **5.** gaspiller – **6.** renouvelables

4 **1.** gaspille – **2.** toxicité – **3.** fore – **4.** est inoffensif – **5.** la transition énergétique

Chapitre 26 Enjeux de société

Exercices p. 183

1 **1.** indivisible – **2.** racisme – **3.** l'incitation – **4.** sociale – **5.** subventionne

2 **1.** la misogynie – **2.** un arsenal – **3.** le chauvinisme – **4.** la laïcité – **5.** le communautarisme – **6.** un ressortissant – **7.** une devise

3 **1.** subventionne – **2.** délétère – **3.** mixtes – **4.** lutter – **5.** incitation – **6.** se prennent – **7.** la parité

4 **1.** la laïcité – **2.** ressortissante – **3.** est chauvin – **4.** la xénophobie.

Exercices p. 185

1 **1.** les internautes – **2.** la mal-bouffe* – **3.** une SDF – **4.** les pirates informatiques – **5.** la régularisation – **6.** une association

2 **1.** éradiquer – **2.** est tombé dans l'exclusion/est devenu SDF – **3.** piratées – **4.** la précarité – **5.** une association, se réinsérer – **6.** l'informatique – **7.** sont brûlants – **8.** sans papier/clandestine

3 **1.** l'ascenseur – **2.** virtuelle/numérique – **3.** réseaux – **4.** irrégulière, régularisation – **5.** numérisation, données, piratage – **6.** sans-abri

Exercices p. 187

1 **1.** un cortège, une procession, des préceptes religieux – **2.** cultes, rituels, cérémonies – **3.** croyant, converti – **4.** spirituelle, mystique – **5.** le sectarisme, l'intégrisme – **6.** bénit, baptise

2 1. F – 2. F – 3. V – 4. F – 5. V – 6. F

3 1. la ferveur – 2. la liturgie – 3. vénéraient – 4. bigotes* – 5. bénir la petite fille – 6. polythéiste – 7. font du prosélytisme/sont des missionnaires

4 1. *C'est vraiment une excellente chose que nous ayons trouvé cette école pour nos enfants, car ils s'y plaisent beaucoup. Nous avons eu beaucoup de chance.* → **Je bénis le ciel/c'est une bénédiction que nous ayons trouvé cette école.** – 2. *Cela faisait plusieurs jours que l'artiste cherchait une idée et subitement, elle est venue !* → **Il a eu une illumination.** – 3. *Alice admire énormément son grand-père, qui sait tout faire – ou presque. Elle le prend comme modèle.* → **Agathe voue un culte à son grand-père, qui est son dieu !** – 4. *La jeune fille est partie faire des études en Amérique latine, avec l'approbation de ses parents.* → **Elle est partie avec leur bénédiction.** – 5. *Ce n'est pas la peine de me dire qu'il faut faire du sport pour être en forme, puisque c'est ce que je fais !* → **Vous prêchez/Tu prêches un(e) convaincu(e).**

Chapitre 27 L'argent

Exercices p. 189

1 1. trésorerie – 2. légué – 3. pourvoies, subviennes – 4. roule – 5. un sou*, un rond*

2 1. roulent sur l'or/ont un fric* fou – 2. je tire le diable par la queue/j'ai du mal à joindre les deux bouts – 3. est fauché* – 4. fait la manche* – 5. ils vivent chichement – 6. se serrer la ceinture. – 7. un petit pécule

3 1. a amassé – 2. gagne, crochets – 3. deux bouts – 4. les moyens – 5. léguer – 6. lésiné

4 1. Les fins de mois sont difficiles, ils ont du mal à joindre les deux bouts. – 2. Elle vit à leurs crochets, elle se fait entretenir par eux. – 3. Il a une bonne/belle situation, il vit confortablement, il est aisé. – 4. Elle va devoir se serrer la ceinture, elle risque de tirer le diable par la queue. – 5. Il vient de faire son testament. – 6. Il fait la manche, il mendie.

Exercices p. 191

1 **1.** prodigue – **2.** rembourser – **3.** du gain – **4.** économies – **5.** rémunéré – **6.** pension

2 **1.** F – **2.** V – **3.** V – **4.** F – **5.** V – **6.** V

3 **1.** est intéressée – **2.** pingre/radin*/un harpagon – **3.** ce n'est pas du luxe – **4.** rémunérée – **5.** met de l'argent de côté – **6.** est rentable/juteux*

4 **1.** une pension alimentaire – **2.** criblée – **3.** économe – **4.** rapporte – **5.** fait, file – **6.** chipote*/mégote*

5 **1.** *Je suis scandalisé par Aline : elle roule sur l'or et elle refuse d'offrir un café à sa femme de ménage, parce que ça coûte trop cher !* → **Elle est radine*/pingre. C'est un harpagon.** – **2.** *Irène a hérité d'une vraie fortune, mais il n'en reste plus rien.* → **Elle a dilapidé sa fortune ! C'est un panier percé, l'argent lui a filé entre les doigts.** – **3.** *Alain a dû emprunter beaucoup d'argent à la banque pour acheter sa boutique.* → **Il s'est lourdement endetté, il a beaucoup de dettes.** – **4.** *Cet homme est horrible, il ne pense qu'à l'argent. Il est prêt à tout pour en avoir plus.* → **Il est d'une immense cupidité, il vendrait père et mère pour avoir de l'argent. Quel rapace !** – **5.** *Vous savez que pour diminuer ses dépenses cette grosse entreprise réduit le nombre de stylos qu'elle donne à ses employés ?* → **Ce sont des économies de bouts de chandelles !**

Exercices p. 193

1 **1.** fraudé – **2.** pot-de-vin* – **3.** l'évasion – **4.** corruption – **5.** blanchiment – **6.** une magouille*

2 **1.** une escroquerie/une arnaque* – **2.** un magouilleur* – **3.** la fraude – **4.** un pot-de-vin* – **5.** le blanchiment d'argent sale – **6.** une contrefaçon

3 **1.** Au diable l'avarice ! – **2.** L'argent ne fait pas le bonheur. – **3.** On ne peut pas avoir le beurre et l'argent du beurre. – **4.** On ne prête qu'aux riches. – **5.** Bien mal acquis ne profite jamais. – **6.** L'argent n'a pas d'odeur.

4 **1.** *Cette famille a énormément d'argent, des biens immobiliers, des voitures de courses...* → **Ils roulent sur l'or, ils sont riches comme Crésus, ils ont un fric* fou.** – **2.** *Christian est absolument incapable de mettre de l'argent de côté. Quand il a quelques sous*, il les dépense immédiatement.* → **C'est une cigale, c'est un panier percé, l'argent lui file entre les doigts.** – **3.** *Le*

pauvre Marcel n'a plus du tout d'argent. Je ne sais pas comment il va s'en sortir. → **Il n'a plus un rond*, plus un radis*, il est fauché*, il est sur la paille*.** – **4.** *Henri a fait abattre une cloison, alors qu'il vient de faire repeindre son appartement. C'est ridicule, il perd de l'argent !* → **Il jette l'argent pas les fenêtres !** – **5.** *Après un an de chômage et de gros problèmes financiers, Patrice vient de trouver un petit boulot. Cela lui permet juste de payer son loyer et de manger.* → **Ce n'est pas le Pérou, mais il peut subvenir à ses besoins.**

Chapitre 28 Économie et finance

Exercices p. 195

1 **1.** un dividende – **2.** une plus-value – **3.** les requins de la finance – **4.** un investisseur – **5.** le marché – **6.** la banque centrale – **7.** la bourse

2 **1.** F – **2.** V – **3.** F – **4.** V – **5.** F – **6.** V – **7.** F

3 **1.** renflouer – **2.** boucler – **3.** fluctue – **4.** rétrécit/réduit – **5.** investir/injecter – **6.** a placé, fructifier

4 **1.** la productivité – **2.** verser – **3.** sécurisé – **4.** comme une peau de chagrin – **5.** des capitaux/des fonds – **6.** le financement de

Exercices p. 197

1 **1.** s'acquitter d', rembourser – **2.** fisc – **3.** la compétitivité, la productivité, le rendement – **4.** parient, tablent – **5.** déclin, plein essor, chute libre

2 **1.** l'endettement – **2.** le fisc – **3.** une matière première – **4.** la croissance – **5.** la conjoncture

3 **1.** en plein marasme/en pleine crise économique – **2.** il a choisi une politique d'austérité – **3.** il est en plein essor – **4.** a en a demandé l'annulation – **5.** il y aura une diminution/réduction des dépenses publiques.

4 **1.** pouvoir – **2.** essor – **3.** taux – **4.** fiscaux, fraude – **5.** conjoncture

5 🎧 **1.** *On gagne de moins en moins ! Les fins de mois sont de plus en plus dures...* – **2.** *Les experts pensent que la croissance se situera autour de 0,9 %.* – **3.** *Nous avons dû emprunter pour*

acheter notre maison et maintenant, il va falloir rembourser ce crédit. – **4.** *Le gouvernement a annoncé des mesures drastiques pour réduire des dépenses publiques.* – **5.** *Le prix du pétrole a encore augmenté, ce qui aura un impact sur nos prix.*

1. V – **2.** F – **3.** V – **4.** F – **5.** F

Chapitre 29 Le monde du travail

Exercices p. 199

1 **1.** plan – **2.** les effectifs – **3.** des bénéfices – **4.** syndicats, partenaires sociaux, organisations patronales – **5.** reprise, acquise – **6.** cotisations, charges

2 **1.** V – **2.** F – **3.** V – **4.** F – **5.** V – **6.** V

3 **1.** embaucher/recruter – **2.** concurrent – **3.** effectifs – **4.** redressement – **5.** intérimaire – **6.** appel d'offres

4 **1.** reprise/acquise – **2.** pour son propre compte/il est à son compte – **3.** de main d'œuvre qualifiée – **4.** n'ont abouti – **5.** le rendement – **6.** monter/mettre sur pied

Exercices p. 201

1 **1.** gagner – **2.** fignole* – **3.** porte – **4.** bête – **5.** s'endorment – **6.** haleine

2 **1.** F – **2.** V – **3.** V – **4.** F – **5.** V

3 **1.** a du pain sur la planche – **2.** de longue haleine – **3.** fignole* – **4.** comme une bête – **5.** mutée – **6.** bûche*/potasse* – **7.** un torchon* – **8.** un petit boulot*/un job*

4 **1.** ses lauriers – **2.** travailleur/bosseur* – **3.** fignole* – **4.** répartir – **5.** a bousillé* – **6.** torchon*

Exercices p. 203

1 **1.** sous pression, mal traitée – **2.** un arriviste, une huile* – **3.** sous la coupe, sous l'influence – **4.** un jeune loup, carriériste – **5.** exploités, harcelés – **6.** une ambition démesurée, les dents longues

2 **1.** une huile* – **2.** est carriériste – **3.** à la baguette – **4.** sous la coupe – **5.** précaire – **6.** au doigt et à l'œil

3 1. abuse – 2. sous pression – 3. la couture du pantalon – 4. sphères – 5. dévorée – 6. à carreau*

4 1. *Nous ne savons absolument pas où nous habiterons dans deux mois. Nous ne pouvons prendre aucune décision !* → **Nous sommes comme l'oiseau sur la branche.** – 2. *L'étudiant ne se contente pas de son succès, il a décidé d'approfondir ses études.* → **Il ne s'endort pas sur ses lauriers.** – 3. *Amélie obéit immédiatement aux ordres de sa hiérarchie.* → **Elle obéit au doigt et à l'œil, elle a le doigt sur la couture du pantalon.** – 4. *La pauvre Chantal travaille jour et nuit, sans arrêt !* → **Elle travaille comme une bête, elle trime* nuit et jour.** – 5. *C'est sur Boniface que repose entièrement le développement de ce projet.* → **Il porte ce projet à bout de bras.** 6. *Les enfants n'osent pas protester et restent prudemment silencieux.* → **Ils se tiennent à carreau*.**

Chapitre 30 Politique – médias

Exercices p. 205

1 1. l'échiquier – 2. le contrôle, la main – 3. de l'ascendant, du charisme, l'impunité – 4. le copinage*, le favoritisme – 5. une circulaire – 6. supplanté, détrôné, évincé

2 1. F – 2. F – 3. V – 4. V – 5. V – 6. F

3 1. routier – 2. l'égide/le patronage – 3. a été limogé/a été démis de ses fonctions – 4. l'impunité – 5. exerce/a – 6. exécutif – 7. forces

4 1. dominer/monopoliser – 2. de l'ascendant – 3. un nouveau venu – 4. prépondérante – 5. a évincé/a supplanté – 6. la main

Exercices p. 207

1 1. opinions, querelles – 2. tractations, alliances – 3. bulletin, bureau – 4. d'abstention – 5. libres, anticipées – 6. marchandages, meetings, querelles.

2 1. F – 2. F – 3. V – 4. F – 5. F – 6. V – 7. V

3 1. s'abstenir – 2. campagne, candidats, programme électoral – 3. tracts – 4. dissolution – 5. absolue, élu

4 1. l'état-major – 2. le dépouillement – 3. le scrutin – 4. sanction – 5. des tractations

Exercices p. 209

1 **1.** boucle – **2.** mène – **3.** fuite – **4.** le plateau – **5.** presse – **6.** succès

2 **1.** véracité – **2.** fuite – **3.** vérifier/recouper, avérées – **4.** médiatique, l'audience – **5.** revue – **6.** plateaux

3 **1.** recoupe, recueille – **2.** pointe du doigt – **3.** révélée – **4.** l'audience – **5.** papier

4 **1.** F – **2.** V – **3.** V – **4.** F – **5.** F

5 **1.** *D'après ce que j'ai compris, ces deux hommes politiques – qui se détestent –, se parlent à nouveau pour envisager une alliance tactique, en vue des prochaines élections.* → **Ils se livrent à des tractations.** – **2.** *Cet homme politique n'est pas né de la dernière pluie ! Il est en place depuis 30 ans, il sait tout et il connaît tout.* → **C'est un vieux routier de la politique.** – **3.** *La ministre étant accusée par la presse de malversations, le Premier ministre lui a demandé de renoncer immédiatement à son poste.* → **Elle a été limogée, elle a été démise de ses fonctions.** – **4.** *La journaliste est en train de parler à tous les témoins pour essayer de mieux comprendre la situation.* → **Elle recueille des informations, elle rassemble des témoignages.**

Chapitre 31 Ordre et désordre

Exercices p. 211

1 **1.** V – **2.** F – **3.** V – **4.** F – **5.** F – **6.** V

2 **1.** jettent – **2.** surveillent, assurer – **3.** ont mis – **4.** suivre – **5.** donne – **6.** se conformer/se plier/se soumettre/satisfaire

3 **1.** un véritable imbroglio – **2.** cet axiome – **3.** cohue – **4.** le fouillis*/le bordel* – **5.** un méli-mélo – **6.** méthodiquement – **7.** la débandade/la débâcle – **8.** enchevêtrés.

4 Cet étalage de marché aux puces est un vrai bric-à-brac*, un vrai bazar* ! Tous les objets, très hétéroclites, sont mélangés et placés en vrac*. C'est un vrai fouillis, mais qui ne manque pas de charme.

Exercices p. 213

1 **1.** une mutinerie – **2.** un contrebandier – **3.** une évasion/s'évader – **4.** une émeute – **5.** une fronde – **6.** des dissidents – **7.** l'anarchie

2 **1.** une insurrection – **2.** compromis – **3.** dépassé – **4.** s'est rebellée/s'est rebiffée – **5.** profané – **6.** se sont évadés de

3 **1.** a révolutionné – **2.** la Révolution – **3.** a dégénéré – **4.** dissidence – **5.** est compromis – **6.** rebelle/frondeur, ruer, brancards – **7.** transgresser, tester – **8.** subversives

Exercices p. 215

1 **1.** jeté – **2.** déposé – **3.** incliné – **4.** tient – **5.** pouce – **6.** fléchir

2 **1.** bravent – **2.** s'est dégonflée* – **3.** ont tenu bon – **4.** a abdiqué – **5.** se plie – **6.** fléchir – **7.** il faut tenir bon/tenir le coup*/ne pas craquer*

3 **1.** concessions – **2.** ont affronté – **3.** front – **4.** bon/le coup* – **5.** a capitulé, vaincue – **6.** l'éponge

4 🎧 **1.** *Si tu avais vu la boutique de ce brocanteur : il y avait de tout partout, des objets hétéroclites empilés dans tous les coins. On ne s'y retrouvait plus !* → **C'était un vrai bric-à-brac, un capharnaüm. Tous les objets étaient placés pêle-mêle, en vrac*.** – **2.** *Dans cette situation, le professeur n'avait pas à intervenir. Ce n'était pas à lui de le faire. Il s'est pris pour un parent, ce qui n'est pas acceptable.* → **Il a outrepassé ses droits, il a franchi une limite à ne pas dépasser.** – **3.** *La négociation a été très dure entre ces deux partenaires commerciaux, mais Ariane a fortement résisté et n'a rien concédé.* → **Elle a tenu bon, elle n'a pas cédé un pouce de terrain, elle n'a rien lâché.** – **4.** *Ce jeune skieur se croyait assez fort pour participer à la compétition, mais il n'avait pas le niveau et il a renoncé.* → **Il a jeté l'éponge, il a abandonné la partie.** – **5.** *Par tempérament, Blaise n'a jamais accepté l'autorité. Pire, dès qu'on lui impose quelque chose, il ne l'accepte pas !* → **Il rue dans les brancards, il se rebiffe, il a un tempérament rebelle, frondeur.**

Chapitre 32 Droits et devoirs

Exercices p. 217

1 **1.** mentalité – **2.** la morale – **3.** outrage – **4.** prérogatives, avantages - **5.** a agi – **6.** cas de conscience, choix cornélien

2 **1.** V – **2.** V – **3.** V – **4.** V – **5.** F – **6.** F

3 **1.** privilège/avantage – **2.** passe-droit – **3.** portent – **4.** cas – **5.** morale – **6.** remette

4 **1.** le relâchement < la dépravation – **2.** Bénéficier d', prérogatives – **3.** cornélien – **4.** est immoral – **5.** faire la – **6.** conquis

Exercices p. 219

1 **1.** tenu – **2.** coûte – **3.** censée – **4.** de la gratitude – **5.** sais – **6.** remplit

2 **1.** F – **2.** F – **3.** F – **4.** V – **5.** V – **6.** F

3 **1.** gratitude/reconnaissance – **2.** fait – **3.** est tenu – **4.** a violé/a rompu – **5.** gré – **6.** prêter – **7.** déontologie – **8.** jure – **9.** prends – **10.** ses devoirs

4 **1.** dois une fière chandelle – **2.** Cela coûte beaucoup à Virginie... – **3.** prend sur lui – **4.** assermenté – **5.** a juré.

Exercices p. 221

1 **1.** V – **2.** F – **3.** V – **4.** V – **5.** F

2 **1.** incombe, rejette, se défausse, les pots cassés – **2.** revient – **3.** garant – **4.** laisser-aller/négligence – **5.** retomber

3 **1.** la responsabilité de cet acte, un jugement moral sur cet acte – **2.** sur elle, ses responsabilités – **3.** bonne conscience, des avantages, bon dos – **4.** les frais de cette décision, la morale à ses amis, son devoir – **5.** assument, prennent, rejettent – **6.** la dépravation, le laisser-aller

4 **1.** *Il prétend que c'est à cause de la préparation de ses examens qu'il n'a pas le temps de te téléphoner ? Tu parles, ce n'est pas une excuse !* → **Les examens ont bon dos !** – **2.** *Mon collègue a donné sa démission. Du coup, je vais me retrouver seul pour tout faire et en plus, je risque de recevoir un blâme de mon chef !* → **C'est moi qui paierai les pots cassés, tout va me retomber dessus !** – **3.** *Tu as choisi la couleur de ta voiture ? – Non, et d'ailleurs, cela m'est complètement égal !* → **Je m'en moque « comme de ma première chemise », je m'en fiche* complètement.** – **4.** *C'est grâce à Benoît que Louise a pu payer ses dettes. Il l'a sortie d'un mauvais pas et elle lui en est très reconnaissante.* → **Elle lui doit une fière chandelle.** – **5.** *Cette décision est l'élément fondamental du programme politique du gouvernement.* → **C'est la pierre angulaire du programme politique du gouvernement.**

Chapitre 33 La justice

Exercices p. 223

1 **1.** demander, rendre – **2.** droit, clément, impartial – **3.** palais de justice, tribunal – **4.** l'indépendance, l'impartialité – **5.** dissimulé

2 **1.** F – **2.** V – **3.** F – **4.** F – **5.** V – **6.** F

3 **1.** sa probité/sa rectitude – **2.** est dans le collimateur – **3.** n'est pas blanc comme neige – **4.** le barreau – **5.** est clément – **6.** démêlés

4 **1.** correctionnel – **2.** traîne – **3.** bafoués – **4.** rendre – **5.** judiciaire – **6.** le cours – **7.** justice

Exercices p. 225

1 **1.** civil – **2.** délictueux, illégal – **3.** arrêté, interpellé – **4.** illicites, délictueuses – **5.** fouillent, perquisitionnent – **6.** cette infraction, ce délit – **7.** détention préventive, garde à vue

2 **1.** V – **2.** F – **3.** V – **4.** V – **5.** V – **6.** F – **7.** V

3 **1.** interpellé – **2.** les flics*/les forces de l'ordre – **3.** en flagrant délit – **4.** un méfait – **5.** démantelé – **6.** encourt – **7.** appliquée

4 **1.** recueillent – **2.** robot – **3.** opération – **4.** passe – **5.** détention – **6.** livré – **7.** coup – **8.** suspectés – **9.** poursuites

Exercices p. 227

1 **1.** reconnu – **2.** poursuivre – **3.** cause – **4.** le réquisitoire – **5.** plaidé

2 **1.** F – **2.** V – **3.** V – **4.** V – **5.** F – **6.** F – **7.** V

3 **1.** une action en justice – **2.** Léonard a bénéficié de circonstances atténuantes. – **3.** présumés – **4.** est un multirécidiviste – **5.** La déposition – **6.** La jeune femme a été blanchie/elle a bénéficié d'un non-lieu.

4 **1.** soupçons – **2.** gain – **3.** sursis – **4.** légitime – **5.** casier – **6.** a rendu

5 **1.** *Antoine a commis de multiples vols ! Il fait de la prison, il sort et il recommence…* → **C'est un multirécidiviste.** – **2.** *En tentant de se défendre, le jeune homme a malheureusement tué son agresseur. C'est ce qu'a expliqué son avocat.* → **L'avocat a plaidé la légitime défense.** – **3.** *Iris est soulagée : le procès lui a permis de prouver son innocence.* → **Elle a été mise hors de cause, elle est sortie libre du tribunal.** – **4.** *Gabriel est témoin du crime et il va pouvoir raconter ce que Jacques a fait.* → **Gabriel est un**

témoin à charge et il va déposer contre l'accusé. – **5.** *La justice a estimé qu'il n'y avait aucune raison de faire un procès.* → **L'affaire a été classée sans suite, il y a eu un non-lieu.**

Chapitre 34 Le passé

Exercices p. 229

1 **1.** ancestrale – **2.** revenir – **3.** révolue – **4.** rompre – **5.** lointain – **6.** vétuste

2 **1.** F – **2.** F – **3.** V – **4.** V – **5.** V – **6.** V

3 **1.** la nuit des temps/des temps immémoriaux – **2.** remontent à – **3.** jadis/dans le temps – **4.** ancestrale/séculaire – **5.** vétuste – **6.** Cela fait un bail*/ il y a belle lurette – **7.** a du vague à l'âme

4 **1.** dans le temps/autrefois/jadis – **2.** nuit – **3.** péremption – **4.** vague – **5.** lurette – **6.** se perd

Exercices p. 231

1 **1.** passer – **2.** gardent – **3.** d'homme – **4.** miné – **5.** vestiges – **6.** se remémorer

2 **1.** F – **2.** V – **3.** V – **4.** F – **5.** V

3 **1.** son repentir – **2.** sur le bout des doigts – **3.** ressasser/remâcher*/ ruminer* – **4.** une mémoire d'éléphant – **5.** si ma mémoire est bonne – **6.** ont évoqué leurs souvenirs – **7.** De mémoire d'homme, ce fleuve n'a jamais débordé.

4 **1.** remords – **2.** se remémorer – **3.** réveille – **4.** veulent – **5.** avons évoqué – **6.** mord les doigts – **7.** une empreinte

Exercices p. 233

1 **1.** hommage – **2.** les yeux – **3.** réhabilité – **4.** tombé – **5.** à la trappe – **6.** la tête – **7.** commis – **8.** amnésique – **9.** enterré

2 **1.** m'échappe – **2.** commémorent – **3.** ayez commis – **4.** a rendu – **5.** est sorti – **6.** tirer – **7.** a passé – **8.** réparer

3 **1.** *Oh là là, je suis fatigué. J'oublie tout en ce moment !* → **J'ai la tête comme une passoire.** – **2.** *Ce policier a une mémoire exceptionnelle, il se souvient de tout.* → **Il a une mémoire**

d'éléphant. – **3.** *L'emploi de cette plante pour se soigner est extrêmement ancien.* → **Cela remonte à la nuit des temps.** – **4.** *Cet historien connaît parfaitement toutes les dates historiques importantes.* → **Il les connaît sur le bout des doigts, d'autant qu'il a une mémoire d'éléphant.** – **5.** *Aurélien a tout pardonné à sa sœur. Il veut penser à autre chose.* → **Il a passé l'éponge, il a tourné la page.** – **6.** *Tout le monde a oublié ce fâcheux événement et les autorités n'ont rien fait pour qu'on s'en souvienne.* à **L'événement est passé à la trappe, il a été enterré.**

Chapitre 35 Le temps qui passe

Exercices p. 235

1 **1.** incongrue, intempestive – **2.** à brûle-pourpoint, au moment opportune – **3.** à l'ordre du jour – **4.** d'emblée – **5.** saisir – **6.** courent

2 **1.** j'ai saisi l'occasion/j'ai sauté* sur l'occasion/je n'ai pas laissé passer l'occasion – **2.** elle était hors de propos/incongrue/elle est arrivée comme un cheveu sur la soupe – **3.** elle n'a pas un moment à elle – **4.** tu tombes à pic/à point nommé – **5.** ils ont été accueillis comme un chien dans un jeu de quilles. – **6.** d'emblée/d'entrée de jeu, nous avons sympathisé

3 **1.** V – **2.** F – **3.** V – **4.** F – **5.** V – **6.** V

4 **1.** d'emblée/d'entrée de jeu – **2.** à l'improviste – **3.** par les temps qui courent – **4.** absorbée – **5.** le moment venu/au moment opportun – **6.** à l'ordre du jour.

5 **1.** *Mon patron est de bonne humeur aujourd'hui. Comme cela risque de ne pas durer, je vais en profiter pour lui parler.* → **Je vais sauter* sur l'occasion = je vais battre le fer pendant qu'il est chaud.** – **2.** *Quand les parents sont entrés dans la salle où tous les adolescents étaient en train de danser, ils n'ont pas été bien accueillis !* → **Ils ont été accueillis comme un chien dans un jeu de quille.** – **3.** *C'est très bien que vous arriviez maintenant, j'ai justement une question à vous poser.* → **Vous arrivez à point nommé = vous tombez à pic.** – **4.** *Florian a posé une question à son professeur, sans que ce dernier ait eu le temps de s'y préparer.* → **Florian a posé une question à brûle-pourpoint à son professeur.** – **5.** *Les remarques de Grégoire n'avaient aucun rapport avec la* *conversation. Elles étaient tout à fait incongrues.* → **Ces remarques sont arrivées comme un cheveu sur la soupe.**

Exercices p. 237

1 **1.** relâche – **2.** que provisoire – **3.** par à-coups – **4.** fugace – **5.** délai – **6.** atteint

2 **1.** V – **2.** F – **3.** V – **4.** F – **5.** V – **6.** V

3 **1.** éparses – **2.** d'affilée/coup sur coup – **3.** temporaire/provisoire – **4.** dernier délai – **5.** pour un oui, pour un non/à tout bout de champ – **6.** tour à tour

4 **1.** pérenne – **2.** se relaient pour s'occuper du bébé – **3.** coup sur coup – **4.** sans relâche – **5.** à tout bout de champ/pour un oui pour un non – **6.** occasionnellement – **7.** est récurrent – **8.** est incessante/continuelle

Exercices p. 239

1 **1.** conjointement, de conserve – **2.** à toute allure, avec dextérité – **3.** concomitants, simultanés – **4.** en deux temps trois mouvement, à toute vitesse – **5.** prompte, expéditive – **6.** à toute allure

2 **1.** en coup de vent – **2.** mène de front – **3.** pas le feu – **4.** à la va-vite – **5.** cela n'a fait ni une ni deux – **6.** au fur et à mesure – **7.** ont bâclé* ce travail – **8.** s'est hâté

3 **1.** ni une ni deux – **2.** les chapeaux de roue – **3.** pas le feu – **4.** tambour battant – **5.** en coup de vent

4 **1.** *Tiens, c'est amusant, mon collègue est né le 28 septembre, comme moi, et nous avons habité quelques années dans la même ville, sans le savoir.* → **C'est une amusante coïncidence.** – **2.** *Mon chef est très efficace. Il a pris le projet en main, et tout a été réglé en quelques jours.* → **L'affaire a été rondement menée, il a mené le projet tambour battant.** – **3.** *Ce n'est pas un travail sérieux ! Cela été fait beaucoup trop vite !* → **Cela a été fait à la va-vite, c'est du travail bâclé.** – **4.** *Le projet a démarré très vite et très fort.* → **Il a démarré sur les chapeaux de roues.** – **5.** *Les deux laboratoires de recherche vont travailler, ensemble et en même temps, sur ce projet européen.* → **Ils travailleront conjointement/de conserve/de concert sur ce projet.**

Exercices p. 241

1 1. la glace – 2. pourrie* – 3. l'ambiance – 4. d'ambiance – 5. mouvementée – 6. ère

2 1. anachronique – 2. chiens de faïence – 3. une période – 4. propice – 5. délétère – 6. l'apogée/l'âge d'or – 7. le règne

3 1. qui m'est imparti – 2. l'apogée/l'âge d'or – 3. règne sur la politique/domine la politique – 4. une étape/une période charnière – 5. ne se prête pas/n'est pas propice – 6. de réchauffer.

4 1. *Vu tout ce qui se passe en ce moment dans l'entreprise, ce n'est pas le moment de proposer d'organiser un dîner pour toute l'équipe !* → **Le climat n'est pas propice/ne se prête pas à ce genre de proposition.** – 2. *Au XIXe siècle, dans cette école très dure et très stricte, les élèves avaient peur de tout, et les plus sensibles étaient particulièrement anxieux.* → **Ils vivaient dans une atmosphère de peur/de terreur, l'environnement était anxiogène.** – 3. *Tu aurais vu ce cocktail ! Personne ne se parlait, tout le monde se regardait en silence... C'était très pénible !* → **Tout le monde se regardait en chien de faïence.** – 4. *Il y avait une certaine tension pendant ce repas familial, mais fort heureusement, Roland est arrivé et sa jovialité a transformé l'atmosphère.* → **L'atmosphère était tendue, mais Roland l'a réchauffée, il a brisé la glace.** – 5. *Dans ce restaurant au décor des années folles, on entendait de la musique de cabaret.* → **Il y avait de la musique d'ambiance.**

Chapitre 36 L'avenir - Le destin

Exercices p. 243

1 1. avant-coureur – 2. brève – 3. nez – 4. court terme – 5. Cassandre – 6. d'avenir – 7. prémonitoire – 8. perspective

2 1. prédit, prédiction – 2. pressentiments, pressenti/eu la prémonition – 3. le jour, calendes grecques – 4. l'expectative – 5. bouché, Cassandre – 6. le bout de leur nez, vision – 7. avenir

3 1. mieux vaut tard que jamais. – 2. Je l'obtiendrai le jour où les poules auront des dents ! – 3. sous peu – 4. prématuré de – 5. nous pend au nez – 6. des lendemains qui chantent.

4 1. *Je sais très bien ce qui m'attend : les enfants vont être malades et je vais devoir rester à la maison.* → **Cela me pend au**

nez. – **2.** *Ce contrat ne sera jamais signé ! Il est tout le temps remis à une date ultérieure. Je n'y crois plus.* → **Il sera signé aux calendes grecques/le jour où les poules auront des dents.** – **3.** *Ah enfin, te voilà ! La réunion est presque finie, mais tu peux toujours donner ton avis pendant les quelques minutes qui restent.* → **Mieux vaut tard que jamais.** – **4.** *Lionel est pénible ! Il est toujours en train d'annoncer des catastrophes ! On l'écoute et on a tout de suite le moral à zéro.* → **Il joue les Cassandre.** – **5.** *Malheureusement, la direction de l'entreprise n'a aucune vision à long terme. Les dirigeants ne voient que le futur immédiat, sans imaginer les conséquences.* → **Ils ne voient pas plus loin que le bout de leur nez.**

Exercices p. 245

1 **1.** V – **2.** V – **3.** F – **4.** V – **5.** V – **6.** F

2 **1.** C'est comme ça ! – **2.** a hérité des qualités de – **3.** Cette guerre était inéluctable. – **4.** a fait école – **5.** se fie à sa bonne étoile – **6.** fortuitement

3 **1.** généalogique – **2.** s'inscrit, sillage – **3.** providentiel, destinées – **4.** hasard, choses – **5.** horoscope – **6.** la postérité

4 **1.** *Mes grands-parents ne se révoltent jamais quand il arrive un malheur.* → **Ils sont fatalistes, ils se résignent devant la fatalité.** – **2.** *Hélas, cette jeune fille brillante est morte prématurément pendant la guerre.* → **Elle a connu un destin tragique, c'est un bien triste sort.** – **3.** *Félix, comme son père, est en train de devenir un grand musicien.* → **Il marche sur les traces/sur les pas de son père. Il a hérité des dons de son père.** – **4.** *Ludivine a toujours de la chance, quoi qu'elle entreprenne.* → **Elle est née sous une bonne étoile !** – **5.** *Ça tombe vraiment bien que cette maison ait été à vendre juste au moment où nous en cherchions une.* → **Le hasard a bien fait les choses.**

Chapitre 37 La vie et la mort

Exercices p. 247

1 **1.** un calvaire, des épreuves, des malheurs – **2.** longévité – **3.** en a bavé*, en a vu de toutes les couleurs – **4.** le jour – **5.** plaignons – **6.** végète, vivote

2 **1.** F – **2.** V – **3.** F – **4.** F – **5.** V – **6.** V

3 **1.** ont sauvé – **2.** menait – **3.** a survécu – **4.** surmonterez – **5.** a refait – **6.** le jour – **7.** a passé

4 **1.** a eu une longévité remarquable – **2.** bouffe* de la vache enragée – **3.** vit un calvaire/porte sa croix – **4.** a vu le jour – **5.** est toujours en vie – **6.** coule des jours

Exercices p. 249

1 **1.** trouvé – **2.** une mauvaise passe, le pétrin* – **3.** la disparition – **4.** a succombé à ses blessures – **5.** aux obsèques, à l'enterrement – **6.** un mauvais coton – **7.** le testament, les dernières volontés.

2 **1.** Il risque d'arriver malheur à Bénédicte. – **2.** Si mon père disparaît/décède – **3.** une mauvaise passe/le creux de la vague – **4.** s'est éteint – **5.** ont mis fin à leurs jours/se sont donné la mort – **6.** À quelque chose, malheur est bon. – **7.** filent un mauvais coton/ sont sur la mauvaise pente – **8.** le testament musical/le chant du cygne – **9.** n'en a plus pour longtemps.

3 **1.** entre – **2.** la disparition/le décès – **3.** un coup* – **4.** a trouvé – **5.** obsèques, est décédée – **6.** testament, volontés

4 **1.** *Je plains mon voisin : il est âgé mais doit s'occuper de son épouse, qui est vieille et très malade. C'est vraiment très dur.* → **Ce n'est pas une vie ! Il vit un calvaire, il porte sa croix.** – **2.** *Après des déboires électoraux, cet homme politique a été complètement oublié. Plus personne ne parlait de lui. Finalement, il est revenu sur le devant de la scène et a retrouvé sa place.* → **Sa traversée du désert est finie.** – **3.** *La mère de Madeleine traverse une période difficile en ce moment.* → **Elle est dans une mauvaise passe, dans le creux de la vague.** – **4.** *Ce grand reporter, qui a été envoyé au milieu de conflits armés, a vécu des épreuves et des aventures assez dures.* → **Il en a vu des vertes et des pas mûres, il en a bavé*.** – **5.** Les Cerfs-volants *est le titre du dernier et très beau roman de Romain Gary, qui s'est suicidé juste après l'avoir écrit.* → **Ce roman est le chant du cygne de l'écrivain. Après quoi, il s'est donné la mort, il a mis fin à ses jours.**

Chapitre 38 Les beaux-arts

Exercices p. 251

1 **1.** détérioré, authentifié, attribué – **2.** le paysage, la nature morte – **3.** faux, œuvres d'art – **4.** protégés, entretenus – **5.** acquiert, fait don de – **6.** nettoie, retouche

2 **1.** une nature morte – **2.** un portrait – **3.** un paysage – **4.** une peinture historique – **5.** une allégorie – **6.** une scène/une peinture de genre

3 **1.** F – **2.** F – **3.** V – **4.** F – **5.** V – **6.** F – **7.** V

4 **1.** s'est détériorée – **2.** a fait don de – **3.** académique – **4.** abîmée – **5.** acquises – **6.** est réaliste

Exercices p. 253

1 **1.** dessiné – **2.** touche – **3.** enluminures, miniatures – **4.** sur – **5.** fresques – **6.** esquisse

2 **1.** V – **2.** F – **3.** V – **4.** F – **5.** V – **6.** F

3 **1.** une peinture murale – **2.** la touche – **3.** enluminures – **4.** un peintre du dimanche – **5.** une esquisse/une ébauche – **6.** sur le motif/d'après nature – **7.** barbouiller* – **8.** le modelé

4 **1.** traite/peint – **2.** trompe-l'œil – **3.** encadrer, un cadre – **4.** enluminé – **5.** modelé – **6.** rendu – **7.** traits/coups de pinceau – **8.** ébauche/esquisse/dessine

Exercices p. 255

1 **1.** d'or, safran, moutarde – **2.** douce, pâle – **3.** turquoise, nuit, outremer – **4.** cette gamme, ce dégradé, ce camaïeu – **5.** de l'aurore

2 **1.** bigarrée/bariolée/chamarrée – **2.** pastel – **3.** délavée – **4.** blafarde – **5.** tamisée – **6.** vif – **7.** une torche/un flambeau – **8.** la pénombre

3 **1.** multicolore/chamarré – **2.** se découpent – **3.** l'ombre/la pénombre/le demi-jour – **4.** éblouissante/aveuglante – **5.** ternes

4 **1.** *Il s'agit d'une fresque réalisée sur les murs de la chapelle.* – **2.** *La peinture de ce tableau est écaillée.* – **3.** *Admirez sur cette toile un véritable feu d'artifice de couleurs !* – **4.** *Sur ce tableau, une lumière forte éclaire une jeune femme par derrière.* – **5.** *Cette*

toile abstraite est constituée de différents tons de verts. – **6.** *Cette toile, qui avait pourtant été authentifiée par un expert, s'est révélée un faux particulièrement bien fait.* – **7.** *Ce tableau a été réalisé sur le motif.*
1. V – **2.** F – **3.** V – **4.** V – **5.** V – **6.** V – **7.** F

Chapitre 39 L'architecture

Exercices p. 257

1 **1.** rénové, résidentiel, insalubre – **2.** social, délabré – **3.** l'accessibilité – **4.** espaces verts, parcs – **5.** bancs publics, fontaines

2 **1.** l'agglomération – **2.** l'urbaniste – **3.** un quartier d'affaires – **4.** une paysagiste – **5.** les plus démunis – **6.** le mobilier urbain – **7.** un square

3 **1.** V – **2.** F – **3.** V – **4.** F – **5.** F – **6.** V

4 **1.** potable – **2.** démunies – **3.** lampadaires – **4.** ses faubourgs/sa banlieue – **5.** gratte-ciel

Exercices p. 259

1 **1.** portique – **2.** charpentier – **3.** l'échafaudage – **4.** abattre – **5.** métier – **6.** soubassement – **7.** rasé

2 **1.** V – **2.** F – **3.** V – **4.** F – **5.** F – **6.** V – **7.** F

3 **1.** rasée – **2.** le socle/le soubassement/le piédestal – **3.** remparts – **4.** démolir – **5.** un garde-fou – **6.** édifié/bâti – **7.** décombres – **8.** abattre

4 **1.** charpentier – **2.** échafaudage – **3.** maçon, maçonnerie – **4.** tombe – **5.** finitions – **6.** fondations – **7.** érigée – **8.** plombier

Exercices p. 261

1 **1.** fouille – **2.** vestiges, fragments – **3.** aérienne, sous-marine – **4.** collecter, analyser – **5.** la datation, la reconstitution – **6.** dégagé, exhumé – **7.** attestent de, prouvent – **8.** au repérage

2 **1.** l'archéologie – **2.** les données – **3.** les vestiges/les fragments – **4.** les inscriptions – **5.** le site archéologique – **6.** les fossiles – **7.** le déchiffrement

3 1. l'épave – 2. temples – 3. ont découvert/ont mis au jour/ont dégagé – 4. inscriptions – 5. attestent de – 6. déchiffrée, épigraphiste.

4 1. déchiffrer – 2. sous-marines – 3. mis au jour – 4. l'épave va être dégagée – 5. néo-classique – 6. des fragments

Exercices p. 263

1 1. le clocher, le tympan – 2. un donjon, des douves – 3. abbaye – 4. un fort, une forteresse – 5. le porche – 6. le cloître

2 1. le parvis – 2. le pont-levis – 3. le cloître – 4. les vitraux – 5. les meurtrières – 6. la rosace – 7. le clocher

3 1. vitraux – 2. voûtes – 3. l'autel – 4. le donjon – 5. la cloche – 6. le parvis – 7. le porche

4 1. *Nous avons fouillé le site et nous avons trouvé des vestiges de fondations romaines, ainsi que de nombreuses pièces de monnaie.* – 2. *Je travaille sur un projet de nouveau quartier. Je vais bien sûr dessiner les rues, mais aussi travailler sur les équipements publics.* – 3. *Ce vieux quartier délabré et insalubre a été rasé. De nouveaux immeubles, principalement des HLM, vont être construits.* – 4. *Le chantier avance, mais le gros œuvre n'est pas terminé.* – 5. *Nous nous trouvons ici devant les douves.* – 6. *Nous avons un peu de mal à la déchiffrer, car non seulement elle est fragmentaire, mais elle est très abîmée et érodée.*
1. V – 2. F – 3. F – 4. F – 5. F – 6. V

Chapitre 40 Cinéma et photo

Exercices p. 265

1 1. le suspense, le scénario – 2. la bande annonce – 3. trucages, effets spéciaux – 4. le preneur – 5. au ciné-club, à la cinémathèque – 6. assemble – 7. plateau

2 1. le monteur – 2. le tournage – 3. les effets – 4. le scénariste – 5. le preneur de son – 6. la distribution/le casting – 7. le figurant – 8. une superproduction/un film à grand spectacle

3 1. bruitage – 2. septième – 3. décor, studio – 4. cinéphiles – 5. grand spectacle – 6. figurants – 7. projection – 8. populaire

Exercices p. 267

1 **1.** il s'agit d'un travelling arrière – **2.** c'est un plan rapproché – **3.** elle est filmée en contre-plongée – **4.** j'analyse l'arrière-plan – **5.** elle est floue – **6.** il est hors champ – **7.** elle est sous-exposée

2 **1.** un photomontage – **2.** est hors champ – **3.** une séquence – **4.** ce cliché – **5.** en contre-plongée – **6.** est floue – **7.** le générique

3 **1.** gros plan – **2.** diaphragme – **3.** grand angle – **4.** profondeur – **5.** surexposée – **6.** flou/sous-exposé – **7.** le générique – **8.** fondu – **9.** plan – **10.** téléobjectif

4 **1.** *Ce film a des décors spectaculaires ! Je me demande quel en a été le budget. Ça a dû coûter une fortune !* → **C'est un film à grand spectacle/une superproduction.** – **2.** *J'ai reconnu la voix de ce grand acteur. C'est lui qui fait le commentaire pendant le documentaire.* → **Il fait la voix off.** – **3.** *Tu as vu cette photo ? C'est assez drôle d'avoir remplacé le visage des acteurs par ceux de certains hommes politiques !* → **C'est un photomontage = un montage de photos.** – **4.** *Quel talent ! Ses scénarios sont toujours très bien conçus et très travaillés.* → **C'est un bon scénariste.** – **5.** *Voyons... Qu'est-ce qu'on en dit : « Croisée des destins, chronique familiale dans une petite ville de province ». Bon, on ira peut-être le voir ?* → **C'est le synopsis d'un film.** – **6.** *Tu sais que j'ai reconnu notre voisin dans le film ? Il montait dans le bus derrière l'acteur principal !* → **Le voisin était un figurant dans le film.**

Chapitre 41 La littérature

Exercices p. 269

1 **1.** inédite, posthume, satirique – **2.** de théâtre, engagé – **3.** biographie, correspondance – **4.** un compte rendu, une critique, une citation – **5.** ce poème, cette poésie – **6.** une épopée, un poème épique

2 **1.** une œuvre posthume – **2.** une femme de lettres – **3.** un ouvrage de vulgarisation – **4.** une satire – **5.** un détail prosaïque – **6.** un(e) essayiste – **7.** l'œuvre romanesque – **8.** un dramaturge

3 **1.** sortir/paraître – **2.** a cité – **3.** une satire – **4.** une rime – **5.** des fables – **6.** boulevard – **7.** dramaturge – **8.** une critique/un compte rendu

Exercices p. 271

1 **1.** une langue, un style, une écriture – **2.** la genèse – **3.** péripéties, rebondissements – **4.** l'intolérance, la superstition – **5.** cette doctrine, ce courant – **6.** prolifique

2 **1.** V – **2.** F – **3.** V – **4.** F – **5.** F – **6.** V

3 **1.** figure, rhétorique/style – **2.** Lumières – **3.** élaborent/définissent – **4.** péripéties/rebondissements – **5.** sa plume – **6.** l'écriture – **7.** philosophe – **8.** romans policiers

4 **1.** définir – **2.** l'éthique – **3.** la rationalité – **4.** le dénouement – **5.** penseur – **6.** rhétorique

Chapitre 42 Théâtre et musique

Exercices p. 273

1 **1.** scène – **2.** tirade – **3.** jeu – **4.** la représentation – **5.** troupe – **6.** loge

2 **1.** se griment – **2.** sa tirade – **3.** a eu un trou de mémoire – **4.** il s'agit d'une création française – **5.** aux premières loges – **6.** ses répliques – **7.** un coup de théâtre

3 **1.** souffleur, trou – **2.** les planches, interpréter/jouer, la peau – **3.** théâtral/pathétique – **4.** récite – **5.** mime – **6.** tirade

4 **1.** *L'annonce de la nomination de ce nouveau ministre a été une très grosse surprise.* → **Ça a été un coup de théâtre.** – **2.** *Nous sommes très bien placés pour savoir ce qui se passe !* → **Nous sommes aux premières loges.** – **3.** *C'est Victor qui a suggéré l'idée de cette réunion au ministre.* → **Victor a soufflé l'idée au ministre.** – **4.** *Tout d'abord, on a cru à un accident, mais on s'est vite rendu compte que c'était un crime.* → **Il s'agit d'une mise en scène d'un crime, qui a été maquillé en accident.** – **5.** *Cette partie de l'Europe a vu de très nombreuses batailles au cours des siècles.* → **Elle a été le théâtre de nombreuses batailles.**

Exercices p. 275

1 **1.** déchiffre – **2.** le timbre, la tessiture – **3.** sa partition – **4.** fait – **5.** répètent, déchiffrent – **6.** hauteur, intensité

2 **1.** V – **2.** F – **3.** F – **4.** V – **5.** V – **6.** V – **7.** F

3 **1.** discordantes/dissonantes, dissonance/discordance – **2.** tessiture, récital – **3.** amateur, cordes, chambre – **4.** tenir – **5.** dirige, mouvements – **6.** rengaine, fredonne/chantonne/sifflote

4 Il s'agit d'un concert classique. On aperçoit quelques musiciens de l'orchestre, un peu cachés derrières leurs pupitres et leurs partitions. On distingue un violon, une trompette, un cor et une clarinette. Au fond, un chanteur se tient debout, prêt à chanter. Le chef d'orchestre dirige l'ensemble, la baguette à la main droite.

Exercices p. 277

1 **1.** fausses – **2.** doigté – **3.** reprise – **4.** sonorité – **5.** en mesure – **6.** travaillent

2 **1.** toucher – **2.** couacs*/fausses notes – **3.** répéter – **4.** bat, en mesure – **5.** virtuosité – **6.** partie

3 **1.** Le seul bémol est que – **2.** c'est toujours la même chanson – **3.** accorde ses violons – **4.** doigté – **5.** sont au diapason – **6.** sans tambour ni trompette – **7.** ont mis leurs revendications en sourdine

4 🎧 **1.** *Nous sommes désagréablement surpris par la qualité de ce travail, qui n'a rien de professionnel.* → **C'est du travail d'amateur !** – **2.** *J'ai entendu cette sonate de Mozart, très mal jouée par ce pauvre débutant.* → **Il a massacré la sonate.** – **3.** *Nadine m'a raconté ses malheurs sur un ton dramatique. C'était ridicule !* → **Elle m'a parlé avec des trémolos dans la voix.** – **4.** *Michel et moi sommes très heureux, nous nous entendons extrêmement bien.* → **Nous vivons en parfaite harmonie, nous sommes au diapason.** – **5.** *Oui, je sais, ma chérie, les professeurs sont beaucoup trop sévères... Tous les élèves disent ça.* → **On connaît la chanson, on connaît la musique, c'est toujours la même chanson !** – **6.** *Comme mon chef vient de vivre un drame familial, je suis resté discret sur mes critiques. Je n'ai rien dit.* → **J'ai mis mes critiques en sourdine.**